유아교육기관의 정서역량

행복한 일터 만들기

조 혜 진

창지사

머리말

유아교육기관의 정서역량_ 행복한 일터 만들기

현대의 직장인들은 하루 중 많은 시간을 직장에서 보내며, 직장생활은 직장인의 삶에서 큰 비중을 차지한다. 직장인들에게 직장은 단순히 생활수단을 위해 일하는 일터 이상의 의미를 가지며 삶의 보람과 자아를 실현하는 곳이다. 사회인으로서 피할 수 없는 직장생활, 나는 어떤 직장에서 일하고 싶은가? 자신이 일하는 유아교육기관을 일하고 싶은 직장, 건강한 공동체, 행복한 일터로 만들려면 어떻게 해야 할까?

최근에는 이성적 효율성만을 강조하는 직장보다는 상호 존중, 신뢰, 즐거움과 열정 등의 감성에너지가 넘치는 조직문화, 일할 맛 나는 직장, 감성기업 등이 각광 받고 있다. 불확실한 사회환경에서는 구성원들이 가지는 긍정적인 조직 정서가 개인의 직무만족감을 높이고 조직을 역동적으로 변화시켜서 조직의 성과에도 긍정적인 영향을 미치기 때문이다. 유아교육기관도 교육환경 변화에 잘 적응하고 효과적으로 운영되는 행복한 일터가 되기 위해서는 단순히 똑똑한 인재보다는 부정적 정서와 스트레스를 잘 관리할 수 있는 정서역량이 높은 인재가 필요하고, 교직원들 간에 소통과 공감을 통해 긍정적인 팀 정서와 팀워크를 유지할 수 있는 정서역량이 높은 팀과 조직이 필요하다.

이처럼 기업과 교육현장에서 조직의 정서역량에 주목하는 이유는 조직의 정서역량이 개인 역량들의 단순한 합보다 그 이상의 시너지 효과를 발휘하여 조직의 성과와 직무수행에 긍정적인 영향을 미칠 수 있기 때문이며, 교육을 통해 개발 가능한 역량이기 때문이다. 이제까지 정서역량은 주로 개인 차원의 역량으로 다루어져 왔지만 직장 내 구성원들이 느끼는 다양한 정서는 마치 감기 바이러스처럼 조직 내 구성원들에게 퍼지면서 팀의 분위기와 성과에 영향을 미칠 수 있기 때문에 긍정적인 정서는 배가시키고 분노, 불안, 좌절, 무기력 등의 부정적인 정서는 확산되지 않도록 집단의 정서를 관리할 수 있는 조직의 정서역량 개발이 필요하다.

유아교사직은 정서노동과 스트레스가 많은 직업 중 하나이다. 특히 유아교육기관은 조직 특성상 다양한 배경을 가진 사람들로 구성되어 있고 공동 작업이 많기 때문에 교직원들 간의 의견충돌이나 갈등상황에서도 다양성을 존중하고 팀워크를 유지하기 위해서 팀 차원에서 집단의 정서를 효과적으로 관리할 수 있는 체계적인 교육이 필요하다. 최근 고용노동부에서 보육교사를 감정노동 직업군으로 분류한 것처럼 직무 특성상 장시간 어린 영유아들을 돌보면서 감정노동을 해야 하는 유아교사들에게는 부정적 정서와 스트레스를 관리할 수 있는 개인 차원의 정서역량 개발도 필요하다.

이런 맥락에서 이 책은 행복한 일터, 일하고 싶은 직장을 만들기 위한 유아교육기관 조직의 정서역량 개발서로, 유아교사가 교육현장에서 경험할 수 있는 다양한 정서적 문제와 갈등상황을 중심으로 교직원 개인의 정서역량과 팀의 정서역량을 증진할 수 있는 교육 프로그램으로 집필되었다. 즉, 유아교육기관에서 유아교사가 개인이나 팀으로 일하는 과정에서 일어날 수 있는 문제상황을 기초로 정서역량의 이론을 실제에 적용해 보고 교육의 결과가 교육현장에서 실제 업무와 연결되어 실천될 수 있도록 집필되었다.

본 책은 유아교육기관 조직의 정서역량을 개발하기 위한 이론과 실제를 다루고 있으며, 크게 3부로 구성되어 있다. 유아교육기관의 정서역량은 조직의 목표 달성을 위해 개인과 팀 차원에서 조직의 정서를 인식하고 효과적으로 관리할 수 있는 역량으로, 건강한 공동체, 행복한 일터를 만들기 위해서는 교직원 개인의 역량 개발도 중요하지만 각자 일하는 것보다 함께 일함으로써 부족한 부분을 보완하고 시너지 효과를 발휘할 수 있기 때문에 팀 차원의 역량 개발도 필요하다. 이에 1부는 유아교육기관의 정서역량 이해하기, 2부와 3부는 개인의 정서역량 기르기와 팀의 정서역량 기르기로 구성하였다.

구체적으로 1부 '유아교육기관의 정서역량 이해하기'에서는 조직의 정서역량에 대한 기본 개념을 이해하기 위하여 개인과 팀, 조직이 상호 연관된 개념으로 조직의 정서역량과 시너지 효과를 정리하였으며, 급변하는 교육환경에서 긍정적인 조직 분위기, 존중과 소통문화, 팀워크를 증진하기 위해서 유아교육기관의 개인과 팀 차원에서 정서역량 개발이 왜 필요한지에 대한 내용을 다루었다. 2부 '유아교육기관에서 개인의 정서역량 기르기'에서는 개인 차원의 정서역량을 중심으로 유아교육기관 교직원들의 정서를 인식하고 관리하는 역량에 대한 내용을 다루었으며, '나 이해하기', '스트레스 관리'의 2개 교육주제로 구성하였다. 3부 '유아교육기관에서 팀의 정서역량 기르기'에서는 팀 차원의 정서역량을 중심으로 조직 내의 집단정서를 인식하고 효과적으로 관리하는 역량에 대한 내용을 다루었으며, '효과적인 의사소통', '팀의 갈등 관리', '변화 관리하기', '팀의 정서 이해하기', '다함께 행복한 조직문화를 위한 긍정과 존중의 소통문화, 협력문화'에 관한 6개 주제로 구성하였다. 각각의 교육주제는 교직원의 관심사와 흥미에 따라 〈생각열기–채우기–나누기–실천하기〉의 단계로 구성되어 있는데 각 단계를 순환적, 반복적으로 운영할 수 있다. 생각열기를 통해 다루어질 주제에 대한 관심과 흥미를 유도하고, 정서역량에 관한 이론을 강의와 동영상, 신문기사 등을 통해 학습한 후에, 사례토의, 역할극, 워크숍 등의 다양한 방법을 통해 교직원들의 생각과 정서 경험을 나누고, 실천하기에서는 일상의 업무상황에서 연습하고 적용함으로써 내면화할 수 있도록 구성하였다.

이 책이 유아교육현장에서 긍정적인 조직 분위기, 다양성 존중과 소통문화, 협력적인 직장문화를 조성하는 데 도움이 되길 바란다. 유아교사의 직무 및 조직 특성상 정서노동과 스트레스를 완전히 없애는 것은 불가능하지만 교직원들 간에 서로의 감정 경험에 대해 공유하고 끊임없이 감성적으로 원활한 업무환경을 만들어 나간다면 이러한 분위기 속에서 구성원들 간에 배려, 열정, 기쁨이 확산되면서 행복한 일터, 건강한 공동체, 일할 맛 나는 직장이 될 수 있을 것이다. 끝으로 이 책이 나오기까지 도움을 주신 모든 분과 창지사 임직원들께 진심으로 감사를 드린다.

2022년 8월
조혜진

C·O·N·T·E·N·T·S

03 PART

유아교육기관에서 팀의 정서역량 기르기 • 73

01

PART

유아교육기관의 정서역량 이해하기

• • • 학습목표

- 조직은 구성원들의 단순 합을 넘어서 시너지 효과를 발휘할 수 있는 유기체로서, 조직의 정서역량이 개인과 팀, 조직이 상호 연관된 다차원적인 개념임을 이해한다.
- 유아교육기관 조직의 정서역량을 높이기 위해 개인과 팀 차원의 정서역량 개발이 필요함을 이해한다.

현대 사회의 조직은 급변하는 사회환경에 대응하여 조직의 목표를 달성하기 위해 구성원의 지적 역량뿐 아니라 정서역량에도 관심을 기울이고 있다. 미래학자 앨빈토플러가 '21세기는 지식(knowledge) 못지않게 감성(emotion)을 중시하는 사회'라고 말한 것처럼 지식사회로 진화할수록 이성적이고 논리적인 접근방식이 아니라 구성원의 기본적인 감정, 애정, 믿음, 신뢰 같은 정서를 제대로 이해하고 적절하게 대처해야 해결할 수 있는 문제들이 늘고 있다. 불확실한 사회환경에서는 구성원들이 조직에 대해서 가지는 가치, 열정, 충성심 같은 긍정적인 조직 정서가 개인의 직무만족을 높이고 조직을 역동적으로 변화시켜서 조직의 성과에도 긍정적인 영향을 미치기 때문이다.

유아교육기관도 환경의 변화와 요구에 따라 적응하는 유기체적인 조직으로서 영유아의 전인 발달을 위한 교육목표를 달성하기 위해서는 교육환경 변화에 잘 적응하고 효과적으로 운영되는 건강한 조직이어야 한다. 즉, 조직효과성 측면에서 유아교육기관이 건강하고 효과적으로 운영되려면 부정적 정서와 스트레스를 잘 관리할 수 있는 정서역량이 높은 인재가 필요하고, 교직원들 간에 원활한 의사소통과 공감을 통해 긍정적인 분위기와 팀워크를 유지할 수 있는 정서역량이 높은 팀과 조직이 필요하다.

운영Tip

유아교육기관의 정서역량 이해하기에서는 조직의 정서역량이 무엇인지, 조직의 정서역량이 가지는 시너지 효과를 이해하고 이를 기초로 유아교육기관에서 개인과 팀 차원의 정서역량 개발에 관심을 가질 수 있도록 운영한다. 또한 '행복한 일터, 일할 맛 나는 직장 만들기'를 위해 8개의 교육주제를 기초로 교직원들의 관심사와 조직상황에 맞게 정서역량 개발 계획을 구성해 본다.

- 〈생각열기〉를 위한 물음을 중심으로 개인과 팀, 조직의 정서역량에 대해 이야기 나누며, '조직의 정서역량'이라는 주제에 대해 관심을 가지며 생각을 공유한다.
- 〈생각채우기〉에서는 개인과 팀, 조직이 상호 연관된 개념으로 조직의 정서역량을 이해하고 조직의 정서역량에 주목하는 이유를 알아본다. 또한 유아교육기관의 정서역량을 높이기 위해 개인과 팀 차원의 정서역량 개발이 필요함을 이해하고, 유아교육기관 정서역량에 대한 주요 내용을 학습한다.
- 〈생각나누기〉에서는 유아교육기관의 정서역량 증진을 위해 8개의 교육주제를 중심으로 교직원들의 관심사에 따라 다루고 싶은 주제를 선택하거나 진행순서를 변경하여 '우리 기관의 정서역량 개발을 위한 교육계획'을 세워 본다. 또한 기관(지역)에서 운영되고 있는 교사협의회, 교사모임, 학습공동체를 중심으로 활동을 계획하거나 전체 교직원을 대상으로 프로그램을 운영할 수 있다.

생각열기

〈생각열기〉를 위한 물음들을 중심으로 내가 일하는 유아교육기관의 조직 분위기와 정서를 다루는 방법에 대해 자유롭게 이야기 나눈다. 직장에서 대부분의 시간을 보내는 구성원들이 선호하는 직장과 조직의 특성, 조직 분위기는 어떠한지, 우리 기관에서 정서를 다루는 방법은 어떠한지 관심을 갖고 생각을 공유한다.

〈생각열기〉를 위한 물음

- 어떤 직장에서 일하고 싶은가요? 일하고 싶은 직장의 특성이나 조직 분위기가 있다면 무엇인가요?
- 우리 기관의 조직 분위기는 어떠한가요?
- 우리 기관은 조직(팀) 내에서 구성원의 정서에 관심을 갖고 있나요? 업무가 많거나 마감이 임박한 일을 할 때, 스트레스가 많은 상황에서 조직(팀) 전체의 정서를 어떻게 조절하고 있나요?

1 조직의 정서역량

1) 조직의 정서역량 개념

정서역량은 Goleman(1995)이 개인 차원의 정서지능을 직무의 성과를 발휘하기 위해 필요한 역량으로 해석하면서 소개된 개념으로, 조직 내에서 감정과 관련된 문제에 직면했을 때 효과적으로 문제를 해결하고 성공적으로 업무를 수행할 수 있는 능력을 의미한다(박동건 등, 2006). 이제까지 정서역량은 개인 차원에서 주로 논의되어 왔지만, 최근에는 개인과 팀, 조직의 다차원적 개념으로 논의되고 있다. 조직의 정서역량은 개인뿐만 아니라 조직에도 나름의 정서와 욕구가 있으며 집단적 행동방식이라는 것이 따로 존재한다는 가정에 기초하며, 구성원 개인 수준의 정서들이 조직의 명시적, 묵시적 정서 맥락 안에서 공유되면서 형성된 결과물이다(Kelly & Barsade, 2001). 또한 Druskat와 Wolff(2001)는 조직의 정서역량이 개인의 정서역량과 상호작용한 결과인 동시에, 개인의 특성과는 구별되는 조직의 구조와 기능이 함께 작용하여 형성된 것이라고 하였다. 조직의 정서역량에 대한 학자들의 개념 정의를 살펴보면 다음과 같다.

- **강윤진(2014)** 개인 차원의 정서역량은 조직에 소속되어 있는 개인들의 정서를 인식하고 관리하는 능력이며, 조직 차원의 정서역량은 집단정서를 인식하고 관리하고 조절하는 능력이다.
- **전주영 외(2014)** 팀 구성원 간의 이해를 도모하고 팀의 응집력 향상과 팀 구성원들의 헌신을 높이는 능력이며, 구성원 개인이 각자 갖추어야 하는 역량인 동시에 팀이 하나의 유기체로서 갖추어야 하는 역량이다.
- **Druskat & Wolff(2001)** 조직 구성원 간의 상호신뢰와 조직의 정체성(훌륭한 조직에 소속되어 있다는 느낌), 그리고 조직효능감(구성원들이 각자 일하는 것보다 함께 일하는 것이 훨씬 효과적이라는 신념) 등의 일련의 규범을 개발하는 조직의 능력이다.

이상을 종합하면 조직의 정서역량은 개인뿐 아니라 조직에도 나름의 정서와 욕구가 존재한다는 가정에 기초한 것으로, 조직의 목표 및 성과 달성을 위해 구성원 개인이 각자 갖추어야 하는 역량인 동시에 팀과 조직이 하나의 유기체로서 갖추어야 하는 역량이다. 또한 정서역량은 개인 차원에서만 존재하는 것이 아니라 개인과 팀, 조직이 상호 연관된 개념이기 때문에 정서역량의 개념을 포괄적, 통합적으로 이해하는 것이 필요하다. 효과적인 조직 관리를 위해서는 구성원 개인의 정서역량뿐 아니라 조직 내 팀 전체가 느끼는 집단정서를 인식하고 조절하는 조직 차원의 정서역량 개발이 필요하다.

2) 조직의 정서역량에 주목하는 이유

왜 조직의 정서역량에 주목하는 것일까? 최근 기업과 교육현장에서는 조직의 정서역량이 개인 역량들의 단순한 합보다 그 이상의 시너지 효과를 발휘하여 조직의 성과에 긍정적인 영향을 미칠 수 있고 교육을 통해 개발 가능하다는 측면에서 조직의 정서역량을 중요하게 강조하고 있다. 구체적으로 조직의 정서역량에 주목하는 이유를 살펴보면 다음과 같다.

첫째, 조직의 정서역량이 개인 역량들의 단순한 합보다 그 이상의 시너지 효과, 곱셈효과를 발휘할 수 있다고 보기 때문이다.

조직의 정서역량이 구성원 개인의 정서역량의 단순한 합과는 다르며, 개인 수준의 역량을 합친 것보다 더 우수한 수준을 나타낼 수 있다고 보기 때문이다. 많은 학자가 조직의 정서역량은 구성원이 가지고 있는 개인 정서역량의 단순한 합을 넘어서 시너지 효과를 발휘할 수 있다고 주장하고 있다(강윤진, 송영수, 2013; Goleman, Boyatzis, & Mckee, 2003; Kelly & Barsade, 2001). 즉, A와 B가 따로따로 일을 할 경우 각자가 낼 수 있는 성과가 100이라고 할 때 '100+100=200'이지만, A와 B가 한 팀이 되어서 서로 부족한 부분을 보완하고 각자 자신의 강점에 집중하도록 역할을 적절히 분담한다면 팀의 성과는 구성원 성과의 총합보다 커질 수 있다는 것으로, Asano(2020)는 이것을 '곱셈효과'라고 하였다. 다시 말해서 정서역량이 높은 개인들로 구성된 조직이라고 해서 반드시 조직의 정서역량이 높은 것도 아니고 조직의 정서역량은 개인 수준의 역량을 합친 것보다 더 우수한 수준을 나타낼 수 있기 때문에 개인과 조직이 상호 연관된 관계에서 조직 차원의 정서역량 개발을 강조하는 것이다.

둘째, 조직의 성과나 효과성을 높이는 데 긍정적인 영향을 미치기 때문이다.

조직의 정서역량은 훌륭한 조직에 소속되어 있다는 느낌과 구성원들이 각자 일하는 것보다 함께 일하는 것이 훨씬 효과적이라는 신념 등에 근거하고 있으므로, 조직의 성과나 효과성을 높이는 데 매우 중요한 요인이 된다. 개인의 정서역량이 조직에서의 적응과 직무만족, 인간관계 같은 개인 수준의 성장에 중요한 역할을 하는 것처럼 팀과 조직 수준에서도 구성원 간의 신뢰, 집단정체감, 집단효능감을 높이는 데 중요한 역할을 한다(Druskat & Wolff, 2001). 또한 팀 차원의 정서가 팀원들의 정서에 전염되고(emotional contagion) 팀의 사기를 높여 팀의 성과에도 영향을 미친다는 연구결과(Caruso & Salovey, 2008)들도 조직의 정서역량에 대한 중요성을 입증하고 있다.

셋째, 조직의 정서역량은 교육을 통해 개발 가능한 역량이기 때문이다.

조직의 정서역량은 교육을 통해 학습되어질 수 있고 개발 가능한 역량이기 때문이다(전주영, 강정찬, 이상수, 2014; Dukwics & Higgs, 2003). 조직의 정서역량이 개인의 성과를 극대화하고 조직 효과성에 영향을 미친다는 것이 입증되면서 학자들뿐 아니라 기업의 인적자원개발(HRD) 전문가들도 조직 구성원들의 정서를 중요한 문제로 인식하고(강윤진, 송영수, 2013) 조직과 그 구성원에게 요구되는 정서역량이 무엇인지 분석하여 역량 개발과 전문성 향상을 위한 교육과 훈련에 활용하고 있다. 하지만 정서를 관리하고 조절하는 능력은 다른 인지적인 능력보다 많은 연습과 노력이 필요하므로(Goleman, 1995), 학습자가 정서교육을 통해 학습한 내용을 현장의 업무와 연계하여 실제적으로 활용할 수 있는 교육적 접근이 필요하다.

2 유아교육기관의 정서역량

유아교육기관의 정서역량이란 조직의 목표 및 성과를 달성하기 위해 개인과 팀 차원에서 조직의 정서를 인식하고 관리할 수 있는 역량으로, 구성원 개인이 각자 갖추어야 할 역량인 동시에 팀과 조직이 하나의 유기체로서 갖추어야 하는 역량을 의미한다(조혜진, 최내리, 2019). 즉, 교직원 개개인의 정서역량도 중요하지만 개인 성과의 단순한 합을 초월하는 집단 성과를 위해서 개인 차원의 정서역량과 팀 차원의 정서역량을 함께 고려하는 것이 조직의 정서역량이라 할 수 있다. 유아교육기관의 정서역량을 개인 역량과 팀 역량으로 구분하여 정리하면 〈표 1〉과 같다.

〈표 1〉 유아교육기관 조직의 정서역량 구성요인

구분	개인 역량 (personal competence)	팀 역량 (team competence)
인식	• 자기정서인식 • 자기평가 • 공감 및 타인 존중	• 팀 감성 이해 • 조직 이해
관리	• 자기정서 조절 • 스트레스 관리 • 융통성 발휘 • 신뢰 형성	• 갈등 관리 • 의사소통 • 협력 • 긍정적 분위기 형성 • 변화 주도 • 대외관계 관리

출처: 조혜진, 최내리(2019). 유아교육기관 개인 및 조직 차원 정서역량의 규명 및 상대적 중요도 분석. 열린유아교육연구, 24(2), 211-236.

“유아교육기관의 정서역량이란
조직의 목표 및 성과 달성을 위하여
개인과 팀 차원에서 조직의 정서를 인식하고 관리할 수 있는 역량으로,
구성원 개인이 갖추어야 할 역량인 동시에
팀과 조직이 하나의 유기체로서 갖추어야 하는 역량이다.”

개인의 정서역량은 조직에 소속되어 있는 개인들의 정서를 인식하고 관리하는 능력으로(조혜진, 최내리, 2019), 유아교육기관에 소속되어 있는 자신과 동료 교직원들의 정서 상태를 민감하게 인식하고 관리하여 자신의 일에 긍지와 열정을 유지하는 능력이다. 또한 개인 차원의 정서역량은 조직에서 자신과 동료 팀원의 감정 상태를 정확하게 파악하고, 감정 상태에 건설적으로 대응할 수 있으며 타인과 원만한 관계를 형성하고 여러 문제상황에서 합리적인 의사결정을 내릴 수 있는 능력이라 볼 수 있다(전주영 외, 2014). 구성요인을 살펴보면, 개인 차원의 정서역량은 개인의 정서를 인식하는 자기정서인식, 자기평가, 공감 및 타인 존중으로 구성되며, 개인의 정서를 관리하는 자기정서 조절, 스트레스 관리, 융통성 발휘, 신뢰 형성으로 구성된다.

“개인 차원의 정서역량이란
유아교육기관에 소속되어 있는 자신과
동료 교직원의 정서 상태를
민감하게 인식하고 관리하여
자신의 일에 긍지와 열정을 유지하는 능력이다.”

팀의 정서역량은 조직 내의 집단정서를 인식하고 관리하는 역량으로(조혜진, 최내리, 2019), 건강한 공동체, 행복한 일터를 만들기 위하여 조직 내 집단정서를 인식하고 긍정적인 방향으로 조절, 관리할 필요가 있다. 팀의 정서역량은 개인이 가지고 있는 역량 그 자체보다는 역량의 집합적 측면이 더 중요하게 강조된다.

정리하면 팀의 정서역량은 조직의 목표 및 성과 달성을 위하여 팀의 정서 상태와 조직문화를 민감하게 인식하고 교직원들 간의 원활한 소통과 공감, 갈등 관리, 변화 관리 등을 통해 긍정적인 조직 분위기와 팀워크를 유지할 수 있는 역량을 의미한다.

구성요인을 살펴보면, 팀 차원의 정서역량은 팀 정서를 인식하는 팀 감정 이해와 조직 이해로 구성되며, 팀 정서를 관리하는 갈등 관리, 의사소통, 협력, 긍정적 분위기 형성, 변화 주도, 대외관계 관리로 구성된다. 즉 팀 공동의 목표를 효과적으로 달성하기 위해 팀 전체의 감정 상태를 민감하게 인식하며, 팀 내 공유되는 가치와 문화, 분위기를 이해하는 것이 중요하다. 또한 구성원 간 원활한 상호작용을 통하여 긍정적인 분위기를 형성하고, 교직원들 간의 의견충돌이나 스트레스 상황에서도 팀워크를 유지하며, 교직원 모두가 공동의 목표 달성을 위해 상호 협력할 필요가 있다.

"팀 차원의 정서역량이란
조직의 목표 및 성과 달성을 위하여
팀의 정서 상태와 조직문화를 민감하게 인식하고,
구성원들 간의 원활한 소통과 공감 등을 통해
긍정적인 분위기와 팀워크를 유지할 수 있는 능력이다."

3 유아교육기관 정서역량 개발의 필요성

왜 유아교육기관에서 정서역량 개발이 필요한가? 유아교육기관은 교육환경 변화와 요구에 따라 적응하는 유기체적인 조직으로(하은옥, 2008), 영유아의 전인발달을 위한 교육목표를 달성하고 교육환경 변화에 대응하여 효과적으로 운영되는 건강한 조직이 되기 위해서는 개인과 팀 차원에서 정서역량 개발이 필요하다. 즉, 유아교육기관이 건강하고 효과적으로 운영되려면 부정적 정서와 스트레스를 잘 관리할 수 있는 정서역량이 높은 인재가 필요하고, 교직원들 간에 소통과 공감을 통해 긍정적이고 낙관적인 정서를 유지하며 팀워크를 발휘할 수 있는 정서역량이 높은 팀과 조직이 필요하다. 구체적으로 개인 및 팀 차원에서 유아교육기관의 정서역량 개발이 필요한 이유를 살펴보면 다음과 같다.

첫째, 직무 특성상 장시간 어린 영유아들을 보육하고 학부모와 지속적으로 접촉하면서 감정노동을 해야 하는 유아교사들에게는 부정적 정서와 스트레스를 관리할 수 있는 개인 차원의 정서역량 개발이 필요하다.

교직은 정서노동과 스트레스가 많은 직업 중 하나이다. 이 중 유아교사직은 어린 영유아들을 대상으로 장시간 교육하고 돌보는 일을 하기 때문에 육체적 피로와 정신적 스트레스의 강도가 높은 직업이다. 최근 정서노동에 대한 직업별 실태 조사에 따르면, 전체 203개 조사대상 직업들 중에서 유치원교사와 보육교사는 정서노동을 많이 수행하는 직업 30선에 초중등교사와 달리 23위와 26위에 나란히 올랐다(한국직업능력개발원, 2013). 이처럼 유아교사들은 초중등교사보다 더 다양하고 복잡한 직무를 수행하고 있고, 영유아의 안전사고 위험이나 학부모의 다양한 요구들로 인해 불안, 긴장, 화 등의 부정적 정서를 경험하고 있기 때문에 효과적인 정서 조절과 스트레스 관리를 위한 개인 차원의 정서역량 개발이 필요하다.

"정서노동이란
조직의 목표를 달성하기 위해
실제 느끼는 정서의 표현을 조절하는
과정(Grandey, 2000)이며,
개인의 정서를 직업 또는 조직의 규범에 맞게
조절하는 것(Hochschild, 1983)이다."

둘째, 교육환경 변화에 유연하게 대처하고 긍정적인 조직 분위기를 형성하기 위해 팀과 조직의 정서를 관리할 수 있는 정서역량 개발이 필요하다.

최근 유아교육기관 교직원들은 기관 대내·외적으로 유아교육기관 의무평가제, 유아·놀이 중심의 개정 누리과정 적용, 열린 어린이집, CCTV 설치 및 인성교육 의무화, 아동학대 처벌 강화, 코로나 팬데믹으로 인한 방역지침 강화 등의 교육정책 및 환경 변화를 경험하고 있다. 구체적으로 살펴보면 2019 개정 누리과정의 실행으로 교육현장에서 교사들은 놀이 중심 교육과정에 대한 불확실성, 교사에게 부여된 자율성에 대한 부담감 등으로 어려움을 경험하고 있다(한유진, 고진영, 김경철, 2019). 또한 코로나 팬데믹 상황으로 사회적 거리두기 단계가 격상과 완화를 수시로 반복하면서 단계별 방역지침과 교육정책 등의 잦은 변화로 인해 교사의 혼란과 스트레스는 점차 높아지고 있다(최윤경, 2020; 황예원, 김낙흥, 2021).

이와 같이 급변하는 교육환경이나 정책 변화에 효율적으로 대처할 수 있는 유아교사의 적응수행능력이 그 어느 때보다 요구되고 있다. 따라서 조직 차원에서도 교육환경 변화에 교직원들이 거부감을 갖기보다 긍정적이고 우호적인 분위기 속에서 조직의 목표를 달성하기 위한 조직의 정서역량 개발이 필요하다. 즉, 우리 조직은 급변하는 교육환경 변화에 적응하고 기관 안팎에서 일어나는 문제들을 해결할 수 있다는 낙관성과 긍정 마인드를 가지고 있는지, 긍정적인 조직 분위기를 유지하기 위해 소통과 공감 등을 통해 팀과 조직의 정서를 인식하고 관리할 수 있는 정서역량이 있는지가 중요하다.

셋째, 유아교육기관은 조직의 특성상 다양한 배경을 가진 사람들로 구성되어 있고 공동작업이 많기 때문에 교직원들 간의 의견충돌이나 갈등 상황에서도 다양성을 존중하고 팀워크를 유지하기 위해서 조직의 정서역량 개발이 필요하다.

상급학교의 교직문화에 비해 유아교육기관 조직문화의 가장 특징적인 부분은 '공동일'의 빈도가 높다는 것이다(조혜선, 박은혜, 2009). 즉, 유아교육기관에는 행사, 견학, 참여수업, 운동회와 같이 교사들이 함께 계획하고 수행하는 공동일이 많으므로 교사들은 자신의 학급일인 '개인일'보다 '공동일'을 우선으로 하면서 교사들 간에 협력하는 것을 생활화해야 하고, 이를 위한 의사소통과 팀워크를 유지하는 것이 중요하게 된다. 그러나 팀워크는 저절로 만들어지는 것이 아니기 때문에 현실적으로 구성원들 간에 소통과 협력이 잘 되는 팀, 어려운 과제를 책임감 있게 있는 완수하는 팀, 위기상황을 결속력 있게 해결해 내는 팀을 만드는 것은 쉽지 않다. 따라서 유아교육기관의 팀 빌딩을 위해 팀워크를 방해하는 요인은 줄이고 팀워크를 향상시키기 위한 전략들을 개발하기 위한 교육이 필요하다.

또한 유아교육기관은 다양한 배경을 가진 교직원들로 구성되어 있는 조직이다. 때문에 서로 다른 세대와 경력, 경험 차이에서 오는 가치관이나 관점의 차이로 구성원들 간에 갈등이 생길 수 있다. 교직원의 다양성은 조직이 가진 강점이 될 수도 있지만 갈등의 원인이 될 수 있는 양날의 칼과 같다. 특히 유아교육기관은 초중등학교에 비해 20~30대 교사의 비율이 높기 때문에 윗세대와 아랫세대 간에 세대별 인식 차이로 갈등이 생길 수 있다. 따라서 다양한 배경을 가진 교직원들이 유아교육기관의 목표 달성을 위해 집단지성을 발휘하려면 교직원들이 가진 다양한 생각과 관점, 가치관들을 존중하고 소통하는 분위기를 만들면서 팀워크를 유지하는 것이 필요하다.

> "유아교육기관은 다양한 배경을 가진 교직원들로 구성된 조직이다.
> 교직원의 다양성은 조직이 가진 강점이 될 수도 있지만
> 갈등의 원인이 될 수 있는 양날의 칼과 같다.
> 집단지성을 발휘하려면 교직원들이 가진 다양한 생각과 관점,
> 가치관들을 존중하고 소통하는 분위기와 팀워크를 유지하는 것이 필요하다."

『유아교육기관의 정서역량』의 구성 및 활용

『유아교육기관의 정서역량』은 행복한 일터, 일하고 싶은 직장을 만들기 위한 유아교육기관 조직의 정서역량 개발서이다. 조직의 정서역량 개발을 위한 교육주제는 〈표 2〉와 같이 교직원 개인 역량과 팀 역량으로 구분되며 모두 8개의 주제와 하위정서역량으로 구성되어 있다. 또한 주제별 교육진행은 교직원의 관심사와 흥미에 따라 생각 열기, 생각 채우기, 생각 나누기, 생각 실천하기의 단계를 순환적, 반복적으로 운영할 수 있도록 구성되어 있으며, 이는 [그림 1]과 같다.

〈표 2〉 유아교육기관 조직의 정서역량 개발을 위한 교육주제 및 하위정서역량

구분	교육주제	하위정서역량
개인 역량	1. 나 이해하기	• 자기정서인식 • 자기평가
	2. 스트레스 관리	• 스트레스 관리 • 자기정서 조절
팀 역량	3. 효과적인 의사소통	• 신뢰 형성 • 공감 및 타인 존중 • 의사소통
	4. 팀의 갈등 관리	• 공감 및 타인 존중 • 갈등 관리 • 의사소통
	5. 유연한 사고, 변화 관리하기	• 융통성 발휘 • 변화 주도 • 대인관계 관리
	6. 팀의 정서 이해하기	• 공감 및 타인 존중 • 팀 감성 이해
	7. 다 함께 행복한 조직문화 1 긍정과 존중의 소통문화	• 팀 감성 이해 • 조직 이해 • 긍정적 분위기 형성
	8. 다 함께 행복한 조직문화 2 협력문화: 팀워크 증진하기	• 조직 이해 • 협력 • 대외관계 관리

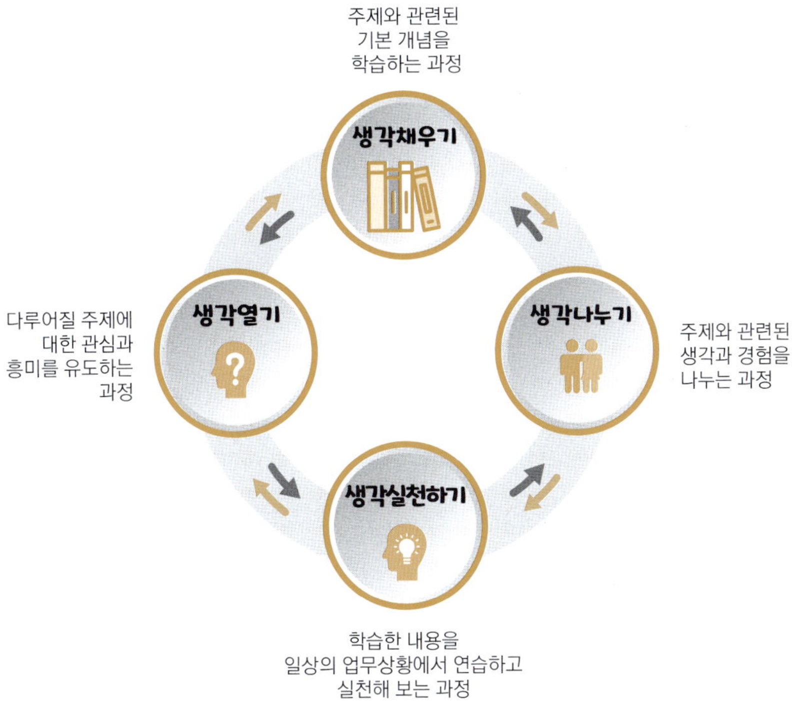

[그림 1] 『유아교육기관의 정서역량』의 주제별 교육 진행

주제별 교육진행은 〈생각열기〉를 통해 다루어질 주제에 대한 교직원들의 관심과 흥미를 유도하고, 〈생각채우기〉에서 주제와 관련된 이론을 강의와 동영상, 신문기사 등을 통해 학습한 후에, 〈생각나누기〉에서 사례토의, 역할극, 워크숍 등의 다양한 방법을 통해 교직원들의 생각과 정서 경험을 나누고, 〈생각실천하기〉에서는 일상의 업무상황에서 연습하고 적용함으로써 내면화할 수 있도록 운영한다. 또한 교육진행은 〈생각열기–채우기–나누기–실천하기〉의 순서로 교직원들 간의 배움과 나눔이 교육현장에서 실천을 통해 다시 새로운 주제의 관심을 유도하는 순환적 과정으로 진행될 수 있으며, 필요시 교직원들의 흥미에 따라 이전 단계로 돌아가서 특정 단계를 반복하면서 운영될 수 있다.

생각나누기

우리 기관의 정서역량 개발을 위한 교육 계획하기

우리 기관의 정서역량을 개발하기 위해 제시된 『유아교육기관의 정서역량』에 제시된 교육 주제를 참고해서 교직원들과 교육계획을 세워 보세요. 교직원들의 관심사를 공유하면서 다루고 싶은 주제를 선택하고 주제의 순서와 모임횟수, 운영방법 등을 계획해 보세요.

회기 (일시)	주제	교육 내용	교육 방법	비고 (담당/과제)
1				
2				
3				
4				
5				

TIP

- 우리 기관에서 운영되고 있는 교사협의회, 교사모임, 학습공동체를 중심으로 소그룹으로 운영하거나 전체 교직원을 대상으로 운영할 수 있다.
- 구성원의 관심사 또는 기관의 당면문제에 따라 의사소통, 갈등 관리, 변화 적응, 스트레스 관리 등의 교육주제를 선택해서 진행하거나 팀 차원의 정서역량, 개인 차원의 정서역량 순으로 진행할 수 있다.

참고문헌

강윤진(2014). 감성역량 모델 및 측정도구 개발에 관한 연구. 한양대학교 대학원 박사학위논문.

강윤진, 송영수(2013). 국내 기업 적용을 위한 개인 및 조직 차원의 감성역량에 관한 탐색적 연구. 산업교육연구, 26(3), 1-25.

박동건, 최대정, 윤순경, 이은정(2006). 조직감성역량 키우기. 서울: 삼성경제연구소.

전주영, 강정찬, 이상수(2014). 팀의 사회감성역량 향상을 위한 교육 프로그램 개발. 산업연구, 29, 29-60.

조혜선, 박은혜(2009). 유치원 교직문화 분석: 경력교사 10인의 인식을 중심으로. 유아교육연구, 29(2), 45-69.

조혜진(2020). 유아교육기관 개인 및 조직의 정서역량 증진을 위한 프로그램 개발연구. 학습자중심교과교육연구, 20(22), 519-543.

조혜진(2021). 유아교사의 정서역량 2판. 서울: 창지사.

조혜진, 최내리(2019). 유아교육기관 개인 및 조직 차원 정서역량의 규명 및 상대적 중요도 분석. 열린유아교육연구, 24(2), 211-236.

최윤경(2020). 코로나19 유치원·어린이집 대응체계 점검 및 현황 분석. 육아정책포럼, 65, 6-19.

하은옥(2008). 유아교육기관의 조직 유효성 향상을 위한 감성역량 활용 가능성 탐색. 유아교육연구, 28(2), 217-242.

한국직업능력개발원(2013). 감정노동의 직업별 실태. KRIVET Issue Brief, 26, 1-4.

한유진, 고진영, 김경철(2019). 개정 누리과정에 대한 유아교사의 메타포 분석. 학습자중심교과교육연구, 19(20), 947-969,

황예원, 김낙흥(2021). COVID-19 대응에 따른 서울의 한 공립병설유치원 교사들의 어려움. 열린유아교육연구, 26(4), 321-351.

Asano, K.(2020). The TEAM. 성과를 내는 팀에는 법칙이 있다. (이용택 역). 경기도: 리더스북. (원저 2019년 출판)

Caruso, D. R., & Salovey, P.(2008). 사람과 조직을 끌어당기는 하트스토밍. (함규정 역). 서울: 이지출판. (원저 2004년 출판)

Druskat, V. U., & Wolff, S. B.(2001). Building the emotional intelligence of groups. *Harvard Business Review, 79*(3), 80-91.

Dukwics, S. V., & Higgs, M. J.(2003). Can emotional intelligence be development?. *The International Journal of Human Resource Management, 15*(1), 95-111.

Goleman, D.(1995). *Emotional intelligence*. New York: Basic Books.

Goleman, D., Boyatzis, R. E., & Mckee, A.(2003). 감성의 리더십. (장석훈 역). 청림출판. (원저 2002년 출판)

Grandey, A. A.(2000). Emotion Regulation in the Workplace: A New Way to Conceptualize Emotional Labor. *Journal of occupational health psychology, 5*(1), 95-110.

Hochschild, A. R.(1983). *Managed heart: Commercialization of human feeling*. California: University of California Press.

Kelly, J. R., & Barsade, S. G.(2001). Mood and emotions in small groups and work teams. *Organizational Behavior and Human Decision Processes, 86*(1), 99-130.

02

PART

유아교육기관에서 개인의 정서역량 기르기

CHAPTER

01

나 이해하기

• • • 학습목표

- 조직 내에서 자신의 정서 상태를 민감하게 인식하고, 감정을 다루는 자신의 강점과 약점을 이해한다.
- 나와 교직원들의 행동유형별 특성과 감정표현 방식을 이해하고, 조화롭게 일하기 위한 방법을 탐색한다.

나는 누구인가? 나는 어떤 사람인가? 나에 대한 이해는 다른 사람과 성숙한 인간관계를 맺기 위한 필수조건이다. 자기 자신을 이해하고 수용할 때 다른 사람을 이해하고 수용할 수 있으며, 타인을 수용하고 신뢰할 수 있을 때 긍정적인 관계로 발전할 수 있기 때문이다.

유아교사의 자기인식은 자신의 감정 상태, 능력, 한계, 행동 특성, 선호도에 대해 이해하는 능력이다. 자기정서인식은 직장에서 정서역량을 증진하기 위한 가장 기본적인 능력으로, 유아교사가 자신의 감정을 먼저 이해해야 스스로 조절할 수 있고 감정을 다루는 자신의 강점이나 한계를 파악할 수 있기 때문이다. 따라서 유아교육현장에서 교사가 직무를 수행하는 과정에서 자신이 어떠한 감정 상태에 있는지, 그로 인해 어떤 일이 발생하는지, 자신의 장·단점과 선호하는 행동 특성은 무엇인지 자신의 내면 상태와 행동 특성을 이해하는 자기인식능력이 필요하다.

운영Tip

나 이해하기에서는 직무수행 과정에서 자신이 어떤 감정 상태에 있는지, 그로 인해 자신과 팀원, 업무수행에 어떤 영향을 미치는지 관계를 이해할 수 있도록 운영한다. 또한 자신의 감정인식과 감정표현 방식의 특성, 강점과 한계 등에 대해 이해하고 교직원들과 공유함으로써 나와 다른 서로의 행동 특성과 감정표현 방식을 이해하고 함께 협력하여 일하는 데 활용한다.

- 〈생각열기〉를 위한 활동으로 '감정 카드로 보는 나의 감정'을 하면서 최근 자신의 감정을 감정 단어로 표현해 보고 팀원들과 감정 경험을 공유하면서 정서 인식에 관심을 가진다.
- 〈생각채우기〉에서는 정서의 원인과 정서들 간의 관계, 정서를 이해하고 분석하는 능력 등에 대한 주요 내용을 학습하고 자신의 감정 상태, 감정을 일으킨 원인과 결과 등을 들여다보고 성찰하는 활동을 한다. 또한 DiSC 행동유형 검사를 통해 자신의 감정표현 방식을 진단하고 감정을 다루는 자신의 강점과 한계, 팀에서의 행동 특성을 이해한다.
- 〈생각나누기〉에서는 교직원들과 행동유형 분석결과를 공유하고 우리 원은 어떤 유형의 사람들로 구성되어 있는지, 서로 다른 행동유형을 가진 교직원들과 조화롭게 일할 수 있는 방법에 대해 탐색한다.
- 〈생각실천하기〉에서는 일상에서 행동 특성이 서로 다른 동료들과 함께 일하기 위해 나의 강점을 발휘하고 한계점을 개선하면서 무엇을 할 수 있을지 계획하고 실천해 본다.

생각열기

〈생각열기〉를 위한 활동으로 '감정 카드로 보는 나의 감정'을 실행하면서 최근 나와 팀원들이 느끼고 있는 감정에 대해 자유롭게 이야기를 나눈다.

활동 감정 카드로 보는 나의 감정

■ **전체 또는 3~4명씩 소그룹으로 조를 이루어 최근 나의 감정을 감정 카드로 읽어 보는 활동을 해 보세요.**

1. 최근 어린이집(유치원) 생활에서 즐거웠거나 힘들었던 경험을 떠올려 보고, 자신의 감정 상태를 잘 표현할 수 있는 긍정과 부정의 감정 단어 카드를 각각 1개씩 선택한다.
2. 선택한 감정 카드를 제시하면서 관련된 경험을 팀원들과 함께 이야기 나누어 본다.

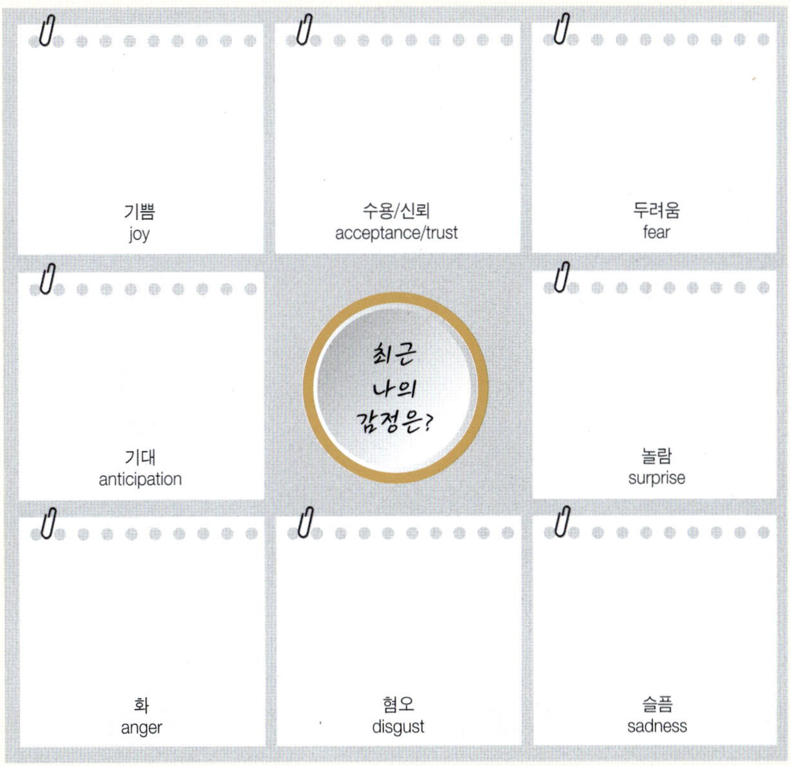

1 자기정서 이해

1) 자기정서 이해의 개념 및 중요성

자기정서 이해란 자신의 감정 상태를 인식하고 그 감정의 원인에 대해 이해할 수 있으며, 자신의 감정 상태가 자신과 타인에게 미치는 영향을 인식하는 것을 의미한다(Goleman et al., 2003). 자기정서 이해는 자신의 감정을 정확하게 파악하고 상황에 따라 바뀌는 자신의 심적인 성향을 이해하는 능력을 말한다. 학자들의 자기정서 이해에 대한 개념 정의를 살펴보면 다음과 같다.

- **조혜진(2021)** 자기정서인식은 자신의 내면 상태에 끊임없이 주의를 기울이고 자신이 무엇을 느끼고 있는지, 감정이 일어난 원인과 변화를 이해하는 능력으로, 자기 관리, 사회인식, 관계 관리 등의 정서역량을 기르기 위한 가장 기본적인 능력이다.
- **Swinkels & Giuliano(1995)** 정서인식 과정은 정서의 점검(monitoring)과 정서의 명명화(labeling)로 이루어지며, 자신의 기분에 주의를 집중에서 점검하는 과정을 거쳐 자신의 감정을 범주화하여 감정에 이름을 붙이는 것을 의미한다.
- **Zins, Wang & Walberg(2004)** 자신의 정서를 알아차리고 정확한 자기지각을 하는지 자신의 강점과 한계, 요구, 가치를 인식하는 것을 의미한다.

이상에서 살펴본 학자들의 정의를 정리하면 자기정서 이해는 자신의 내면에 있는 감정 상태를 느끼고 정확하게 인식하여 그 감정의 원인을 이해할 수 있으며, 자신의 감정 상태가 자신과 타인에게 어떠한 영향을 미치는지 인식하는 것이라 볼 수 있다. 자기정서 이해는 개인과 팀 차원의 정서역량, 즉 개인의 정서를 인식하고 관리하는 역량, 팀의 정서를 인식하고 관리하는 역량을 기르기 위한 가장 기본적인 역량이다. 왜냐하면 자신의 정서를 명확하게 인식할 수 있어야 자신의 정서를 잘 관리할 수 있으며, 나아가 팀의 집단정서를 이해하고 관리할 수 있기 때문이다.

"자기정서 이해는 직장에서 정서역량을 기르기 위한 가장 기본적인 능력이다. 자신이 어떤 감정 상태에 있는지, 그로 인해 자신과 팀원, 업무수행에 어떤 영향을 미치는지 관계를 인식하는 능력이다."

자기정서에 대한 이해가 뛰어난 사람은 자신이 다른 사람보다 잘하는 것, 자신의 행동에 대한 동기, 자기에게 만족을 주는 요인과 어떤 상황에서 누가 자신을 자극하는지 등을 분별하는 능력이 뛰어나다(Bradberry & Greaves, 2013). 반면 자기정서에 대한 이해가 부족한 사람은 자신의 정서를 표현하는 데 갈등을 느끼고, 스트레스에 취약한 경향이 있다(Salovey et al., 2004). 또한 자기정서인식 능력이 낮은 사람은 자신의 감정에 빠져 그 감정에 압도되어 버리거나 화, 불안, 우울, 슬픔과 같은 감정에 대해서 불편함을 느끼고 이런 감정이 생기더라도 '이렇게 느끼면 안 된다.' '그것에 대해서는 생각하지 말아야지.' 하면서 부정하거나 인정하지 않으려 한다. 그러나 감정은 무시하고 외면한다고 없어지는 것이 아니다. 오랫동안 감정을 억누르다 보면 어느 순간 욱해서 일을 그르치거나 관계를 악화시킬 수 있고 마음을 돌보지 못해서 정서적으로 쉽게 지치고 소진을 경험할 수 있다. 이렇게 감정을 좋은 것과 나쁜 것으로 구분하면 현재 느끼고 있는 감정을 진정으로 이해하는 데 방해가 된다.

직장에서 긍정 감정과 부정 감정을 적절히 조절하고 활용한다면 합리적인 사고를 돕고 업무능력을 향상시킬 수 있다. 기쁨, 열정과 같은 긍정 감정은 창의적인 사고를 돕고 업무능력을 높일 수 있다. 또한 불안, 두려움 같은 부정 감정은 일을 더 꼼꼼히 검토하고 신중한 결정을 할 수 있도록 돕는다. 예를 들어, 내일 부모 참여수업이 있는데 불안함을 느끼는 교사는 한 번 더 준비물을 점검하고 리허설을 해 볼 것이다. 또한 영유아에게 있어서 인생의 첫 번째 교사라는 것에 두려움을 느끼는 교사는 유아를 대하고 교육과정을 운영할 때 보다 더 신중한 행동을 할 것이다. 뉴욕대학교 조지프 르두 교수(EBS, 2021.11.3.)는 덴마크 철학자 쇠렌 키르케고르의 말을 빌어 '불안은 성공적인 삶의 필수요소'라고 하였다. 미래에 대한 걱정 없이는 삶의 발전을 이룰 수 없다는 것이다. 즉, 쓸데없는 감정,

나쁜 감정이란 없다. 감정을 느끼는 것이 문제가 아니라 감정을 어떻게 다루느냐가 중요한 것이다. 내 감정을 이해하는 것이 감정을 다스리기 위한 첫걸음이다.

> **"쓸데없는 감정, 나쁜 감정이란 없다.**
> **기쁨, 열정 같은 긍정 감정은 창의적인 사고를 돕고,**
> **불안, 두려움 같은 부정 감정은 일을 더 꼼꼼히 검토하고**
> **신중한 결정을 할 수 있도록 돕는다.**
> **감정을 이해하는 것은 감정을 다스리기 위한 첫걸음이다."**

그럼 자신의 감정을 이해하려면 어떻게 해야 할까? 자신의 감정을 정확하게 이해하기 위해서는 감정을 적절한 언어로 표현하는 연습이 필요하다. 소설가 김영하는 "마음은 언어가 없어 감정에 언어를 부여하면 내면의 정서를 더 잘 들여다보고 이해할 수 있다. 자신의 감정을 적절한 언어로 표현할 수 있는 사람이 성숙한 사람이다."라고 하였다. 감정에 이름을 붙이게 되면 그 감정을 자기 자신의 것으로 만들 수 있으며(Schilling, 2001), 기쁨, 두려움, 불안, 분노 등 자신의 감정에 대해 이야기할 수도 있고 다른 사람의 감정도 이해할 수 있게 된다.

활동 '짜증난다'가 금지어가 된 이유

■ **아래 동영상에서 김영하 작가는 왜 강의 시간에 학생들에게 '짜증난다'라는 말을 쓰지 말라고 했을까요?**

- 〈유 퀴즈 온 더 블럭〉 김영하 편, 감정을 섬세하게 들여다봐야 하는 이유
  https://youtu.be/GD5TmEIEK38

2) 정서들 간의 관계

(1) 기본정서와 복합정서

인간이 느끼는 정서는 매우 다양하다. 진화론적 관점에서 심리학자들은 인종과 지역에 상관없이 모든 사람에게 공통적이고 원시적인 형태의 정서가 존재한다고 주장하였고 이를 기본정서, 일차 정서라고 하였다. 이러한 기본정서 이외의 모든 정서는 이차 정서이고 이차 정서는 기본적으로 일차 정서가 혼합된 복합정서이다(Ekman, 2014; Plutchik, 1980).

일차 정서는 생래적(生來的)으로 타고난 것이며 연령이나 문화권과 상관없이 동일한 상황에서 모든 사람에게 일어나고, 얼굴 표정을 통해 변별이 가능한 특성이 있기 때문에 기본정서라고 부른다. Ekman(2014)은 얼굴 표정을 중심으로 기쁨, 슬픔, 화, 놀람, 두려움, 혐오의 6가지 정서를 기본정서로 제시하였으며, 아래 [그림 2]와 같이 8개의 안면근육만으로도 기본정서들의 차이를 충분히 설명할 수 있다고 하였다.

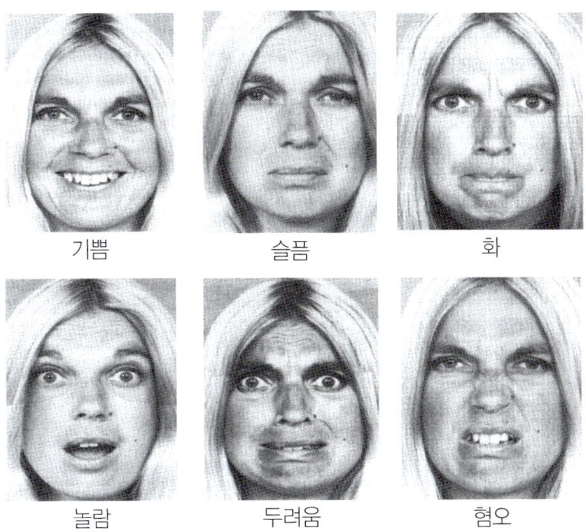

[그림 2] 기본적인 감정표현(Ekman, 2014)

이차 정서는 일차 정서보다 늦게 나타나고, 자아 인식과 자신의 행동을 평가하는 능력이 생기면서 나타난다. 즉, 일차 정서는 영아기의 초기에 나타나지만 수치심, 부러움, 죄책감, 질투, 자부심과 같은 정서는 첫돌이 지나서야 나타나며, 이를 이차 정서 또는 복합정서라고 부른다. Plutchik(1980)는 기본정서를 8가지(기쁨, 수용, 두려움, 놀람, 슬픔, 혐오, 화, 기대)로 구분하였고, 기본정서와 기본정서의 혼합에 의해 파생된 복합정서를 사랑, 복종, 경외, 실망, 후회, 경멸, 공격, 낙관으로 제시하고 있다[그림 3]. 기쁨과 수용이 섞였을 때 사랑이, 수용과 두려움이 섞였을 때 복종이, 두려움과 놀람이 섞였을 때 경외심이, 놀람과 슬픔이 섞였을 때 실망이, 슬픔과 혐오가 섞였을 때 후회가, 혐오와 화가 섞였을 때 경멸이, 화와 기대가 섞였을 때 공격이, 기대와 기쁨이 섞였을 때 낙관이 나타난다.

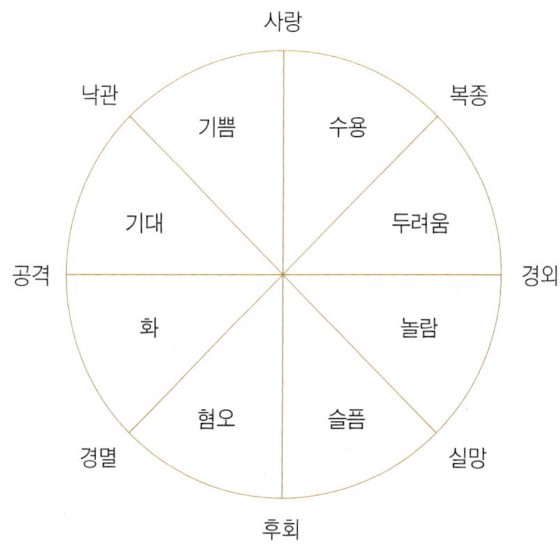

[그림 3] 기본정서와 복합정서(Plutchik, 1980)

(2) 정서의 삼차원 구조

다양한 정서들 간의 관계를 설명하기 위하여 Plutchik(2000)는 정서의 삼차원 모델을 제시하였다. 정서의 삼차원 모델은 정서의 강도, 유사성, 양극성의 세 가지 차원을 조합하고, 여기에 기쁨, 신뢰, 두려움, 놀람, 슬픔, 혐오, 화, 기대의 8개 기본

정서에 대한 관점을 추가하여 팽이 모양 입체모형으로 구성되어 있다[그림 4].

첫째는 정서의 강도 차원으로 팽이 모양을 펼쳤을 때 중심으로 갈수록 감정의 강도가 강해짐을 나타낸다. 즉, 놀람보다는 경악이, 기쁨보다는 환희와 절정이 더 강한 의미를 가지고 있다. 두 번째는 정서의 유사성 차원으로 기쁨은 화보다 신뢰의 감정에 더 가깝고, 슬픔은 기대보다는 놀람의 차원에 더 가깝다. 세 번째는 정서의 양극성 차원으로 기쁨과 슬픔, 신뢰와 혐오, 두려움과 화가 상반되는 정서로 제시되어 있다. 즉, 팽이 모양을 펼쳤을 때 날개에 가까운 쪽의 정서가 유사한 정서이고 반대쪽에 있는 정서가 가장 상반되는 정서임을 의미한다.

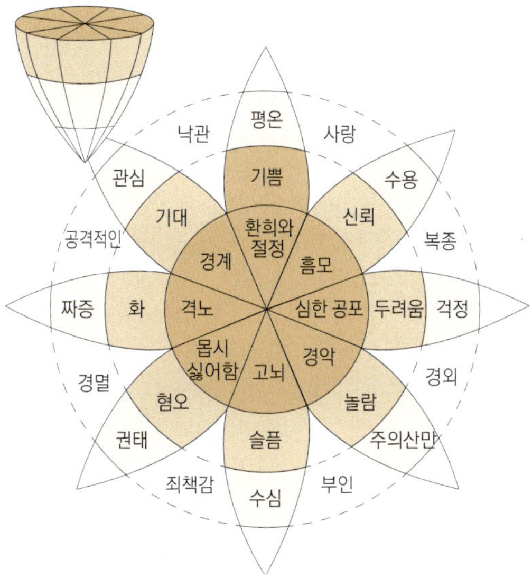

[그림 4] 정서의 삼차원 모델(Plutchik, 2000)

3) 정서를 이해하고 분석하는 수준

Mayer와 Salovey(1997)가 정서지능의 하위범주 중 '정서를 이해하고 분석하는 능력'을 아래와 같이 네 가지 수준으로 제시한 것을 정리하면 다음과 같다(이지영, 2014; 조혜진, 2021).

1수준	정서를 명명하고 정서를 명명하는 단어와 정서들과의 관계를 인식하는 능력

1수준은 다양한 정서에 이름을 붙이고, 정서 간의 차이와 관계를 이해하며, 정서의 강렬한 정도에 따라 명칭이 달라진다는 것을 이해하는 수준이다. 다음의 표를 보면 행복, 슬픔, 분노, 두려움, 부끄러움과 관련된 정서 단어들이지만 그 성격과 강도에 따라 차이가 있고 정서를 명명하는 명칭이 다 다르다는 것을 알 수 있다.

감정의 강도	행복	슬픔	분노	두려움	부끄러움
높은 상태	흥분된다 정말 기쁘다 짜릿하다 기운이 넘친다 황홀하다 희열을 느낀다 무척 즐겁다	우울하다 실망스럽다 외롭다 가슴이 아프다 기운이 없다 희망이 보이지 않는다 슬프다 비참하다	격노하다 모두 엎어버리고 싶다 화가 치민다 격해진다 짜증난다 속이 끓는다 증오심이 인다 배신감을 느낀다	끔찍하다 공포스럽다 겁이 난다 꼼짝하지 못한다 공황 상태에 빠진다 소스라치다 충격을 받다	슬프다 후회스럽다 수치스럽다 쓸모가 없다는 생각이 든다 망신스럽다 모멸감을 느낀다 초라해진다
중간 상태	신난다 기분이 고조된다 마음이 놓인다 만족스럽다 상기된다	비통하다 기분이 처진다 혼란스럽다 괴롭다 후회스럽다 울적하다	미칠 것 같다 돌아버릴 것 같다 방어적이 된다 절망적이다 심란하다 세상이 싫다	두렵다 무섭다 위협감을 느낀다 불안하다 마음이 편치 않다 깜짝깜짝 놀란다	스스로에게 미안하다 가치가 없게 느껴진다 숨고 싶다 양심의 가책을 느낀다 당황스럽다 비굴해진다
약한 상태	기쁘다 흡족하다 괜찮다 부드러워진다 마음에 든다 느긋해진다	불행하다 시무룩하다 우울하다 심술이 난다 실망스럽다 불만족스럽다	신경이 날카롭다 속이 탄다 초조하다 허둥댄다 짜증을 부린다 예민해진다	염려스럽다 초조하다 걱정된다 소심해진다 확신이 없다 노심초사한다	당혹스럽다 어리석게 느껴진다 후회스럽다 불편하다 풀이 죽는다 의기소침해진다

출처: Bradberry. T. & Greaves. J. (2013). 감성지능 코칭법. p. 25.

2수준 정서가 발생한 원인과 과정 그리고 결과를 이해하는 능력

2수준은 그 정서를 유발한 원인에 대해서 이해하고, 어떠한 과정을 거치는지 이해하는 수준이다. 감정은 일상의 경험에 대한 반응이기 때문에 항상 원인이 존재한다(Bradberry & Greaves, 2013). 그런데 사람들에게 왜 그런 감정이 들었는지 물어보면, '그냥 화가 났어요.' 또는 '그냥 우울해졌어요.'라고 대답하는 경우가 많다. 하지만 어떠한 감정도 그냥 생기는 것은 없으며, 그 정서를 유발한 자극과 사건이 반드시 있다. 예를 들어, '오늘 아침부터 기분이 좋았는데, 이유를 생각해 보니 출근길에 옆 반 선생님이 건넨 따뜻한 말 한마디 때문이었던 것 같아요.'처럼 2수준은 '기쁨'의 정서가 그냥 생긴 것이 아니라 그 정서를 유발한 원인과 과정이 있음을 이해하는 것이다.

3수준 두 가지 이상의 복합적인 정서를 해석하고 여러 가지 정서를 함께 경험할 수 있다는 것을 이해하며 활용하는 능력

3수준은 두 가지 이상의 정서가 혼합된 복합정서를 이해하고, 여러 가지 정서를 함께 경험할 수 있다는 것을 이해하며 활용하는 능력의 수준이다. 우리는 일상생활에서 단일한 정서를 경험하기보다는 여러 가지 정서를 복합적으로 경험하는 경우가 많다. 앞서 기본정서와 복합정서를 살펴본 것처럼 실망은 슬픔과 놀람의 감정이 혼합되어 있으며, 슬픔과 혐오의 감정이 겹쳐졌을 때 후회를 느끼게 된다는 것을 이해하는 것이다.

4수준 정서들 간의 전환을 이해하고 예측할 수 있는 능력

4수준은 우리가 느끼는 감정이 계속 유지되기보다는 다른 형태로 변화하는데, 감정이 어떻게 변화하는지 예측할 수 있는 능력의 수준이다. 예를 들어, 영화 〈봄날은 간다〉를 보면, 두 주인공이 처음에는 관심과 설렘의 감정으로 시작하여 열정적인 사랑으로 감정이 진행되는 것을 볼 수 있다. 이후 실망의 감정이 거듭

되면 이별하게 되고 이별 후에 원망이나 미련, 집착의 감정으로 변화될 수 있음을 이해하는 것이다.

예 영화 〈봄날은 간다〉 속 정서의 변화

"라면 먹고 갈래요?"
관심과 설렘의 정서

"어떻게 사랑이 변하니?"
원망, 미련, 집착의 정서

예 주임선생님이 회의 시간에 나의 부족한 부분을 지적하셨을 때
순간 ________ 했는데, 나중에는 ________ 했습니다.

2 나의 감정표현 방식 이해하기

1) 나의 행동유형 탐색하기

최근 교육현장에서는 개인 상호 간의 행동 특성을 이해하고, 이를 통해 인간관계 개선 및 업무 효율성을 높이기 위해서 행동 및 성격유형 분석 도구로 DiSC, MBTI, 에니어그램 등을 활용하고 있다. 기존의 분석 도구들이 대체로 인간의 내적 성향에 초점을 둔 반면에, DiSC 행동모델은 외부세계로 표출되어 관찰 가능한 인간의 행동패턴에 주목하고 있다. 이런 점에서 DiSC 행동모델은 사람들의 행동 특성을 이해하기 쉽게 제시하고 있고, 성공적으로 상호작용하기 위한 실제적인 방법론을 제공한다는 장점이 있다(김수영, 조혜진, 2011). 즉, 행동유형에는 좋고 나쁨이 있는 것이 아니고 사람들 간에 차이가 존재하는 것이기 때문에 DiSC 행동유형별 특성과 장·단점을 이해하는 것이 사람들 간의 관계 형성 및 갈등 해소에 도움을 줄 수 있다(한국교육컨설팅연구소, 2002; Marston, 1979).

나의 행동유형 특성과 감정표현 방식은 어떠한가? 미국 콜롬비아대학 심리학과 교수인 Marston박사가 제시한 DiSC 행동유형 검사를 실행한 후, 나와 교직원들의 행동유형별 특성, 감정표현 특성, 팀에서의 행동 특성에 대해 탐색해 보고자 한다.

> “나의 행동유형 특성과 감정표현 방식은 어떠한가?
> 행동유형에는 좋고 나쁨이 아니라 사람들 간에 차이가 존재하기 때문에
> 나와 타인의 행동유형을 파악하는 것은 성공적인 인간관계의 시발점이 된다.”

활동 Who am I? - 나의 DiSC 행동유형은?

■ 나는 DiSC 행동유형 중 어디에 해당할까? 아래의 순서에 따라 행동유형 검사를 실시하고, 검사결과를 교직원들과 공유하면서 유형별 선호하는 행동 특성에 대해 이야기 나누어 보세요.

① 가로줄에 열거된 4개의 행동 특성 단어 가운데 나와 가장 어울리는 것에 6점, 나와 닮은 것에 4점, 나와 약간 닮은 것에 2점, 그리고 나와 어울리지 않는 것에 0점을 매겨 보세요.

1	☐ 적극적	☐ 열성적	☐ 체계적	☐ 탐구적
2	☐ 단도직입	☐ 사교적	☐ 조화를 이룸	☐ 철두철미
3	☐ 최종 결과	☐ 재미있음	☐ 유쾌함	☐ 철저한 기강과 규율
4	☐ 선구적	☐ 높은 설득력	☐ 인내심	☐ 논리적
5	☐ 권위적	☐ 다변가	☐ 남을 잘 도움	☐ 객관적
6	☐ 결과를 지향	☐ 충동적	☐ 느긋느긋함	☐ 자제력
7	☐ 참을성 부족	☐ 동기 부여	☐ 동정적	☐ 신중함
8	☐ 경쟁을 즐김	☐ 낙관적	☐ 너그러운 포용	☐ 분석적
9	☐ 단호함	☐ 활기에 넘침	☐ 일관성	☐ 철저한 준비
10	☐ 대담함	☐ 풍성한 상상력	☐ 배려함	☐ 정확함
합계	______ 점	______ 점	______ 점	______ 점

② 각 세로줄의 합계를 더해 보세요.

③ 왼쪽부터 각 D-i-S-C 유형을 나타냅니다. 가장 높은 점수를 받은 칼럼이 바로 당신의 1차 행동유형이며, 만약 두 번째로 점수가 높은 칼럼이 35점 이상이라면, 그 칼럼은 당신의 행동을 결정하는 데 중요한 역할을 함께하는 당신의 2차 행동유형으로 볼 수 있습니다.

• 나의 DiSC 유형은? ______________ 형

출처: Rosenberg, M., & Silvert, D. (2013). 사람을 읽는 힘 DiSC. (이미정 역). 서울: 베가북스.

2) DiSC 행동유형으로 보는 나의 감정표현 방식

(1) DiSC 행동유형별 특성

DiSC 행동모델은 인간의 행동을 일의 속도(속전속결형/심사숙고형)와 우선순위(일 중심형/ 사람 중심형)를 기준으로 네 가지 유형으로 분류한다[그림 5]. 즉 DiSC 행동모델에서 주도형(D)은 일의 속도가 빠르고 일 중심적인 유형, 사교형(i)은 일의 속도가 빠르고 사람 중심적인 유형, 안정형(S)은 일의 속도가 느리고 사람 중심적인 유형, 신중형(C)은 일의 속도가 느리고 일 중심적인 유형이며, 각각의 유형별 행동 특성을 살펴보면 다음과 같다(한국교육컨설팅연구소, 2002).

- **D형(주도형: Dominance)**은 속전속결형이면서 일 중심 유형으로, 문제해결에 적극적이고 지시적이고 결단력이 있다. 도전적 행동유형으로 도전이나 모험을 받아들이고 환경을 조성하며, 자기주장이나 요구가 많고 강력한 리더십을 발휘한다. 강한 리더십과 도전정신, 창의적인 해결책 모색으로 조직에 기여한다. 스트레스 상황에서 다른 사람의 견해, 감정들을 별로 고려하지 않을 수 있다.

- **i형(사교형: influence)**은 속전속결형이면서 인간 중심 유형이다. 낙천적 행동유형으로 일처리 속도가 빠르고 관계 중심적인 성향으로 감정을 중요시하는 경향을 보인다. 과업을 수행함에 있어 지식적인 행동이 아니라 자신의 생각에 따르도록 설득하며, 사교성이 풍부하다. 낙관적이고 유머러스하며 아이디어와 홍보, 열정으로 조직에 기여한다. 스트레스 상황에서 조급해하여 일을 체계적으로 처리하지 못할 수 있다.

- **S형(안정형: Steadiness)**은 심사숙고형이면서 인간 중심 유형이다. 평화적 행동유형으로 높은 협력성으로 배려와 양보를 많이 하며, 환경에 순응하고 의존적이며 일상적으로 반복되는 일을 좋아한다. 안정과 일관성을 추구하며 소극적, 수동적이라 우유부단할 수 있다. 원만한 관계를 맺고 성실하며 온화

하여 팀 지향적 태도로 조직에 기여하며, 스트레스 상황에서는 지나치게 남을 위해 자신을 양보할 수 있다.

- **C형(신중형: Conscientious)**은 심사숙고형이면서 일 중심 유형이다. 분석적 행동유형으로 약속을 중요시하고 자신에게 엄격한 경향이 있으며, 논리적이고 계획적이며 치밀하며 꼼꼼하다. 모든 일을 자신의 관점에서 '옳고' 또는 '정확하게' 행해지는 것을 좋아한다. 안정과 일관성을 추구하며, 완벽주의일 수 있다. 데이터에 기초한 논리적, 체계적 접근으로 조직에 기여하며, 스트레스 상황에서 자신과 다른 사람에 대해 기대가 높고 비판적일 수 있다.

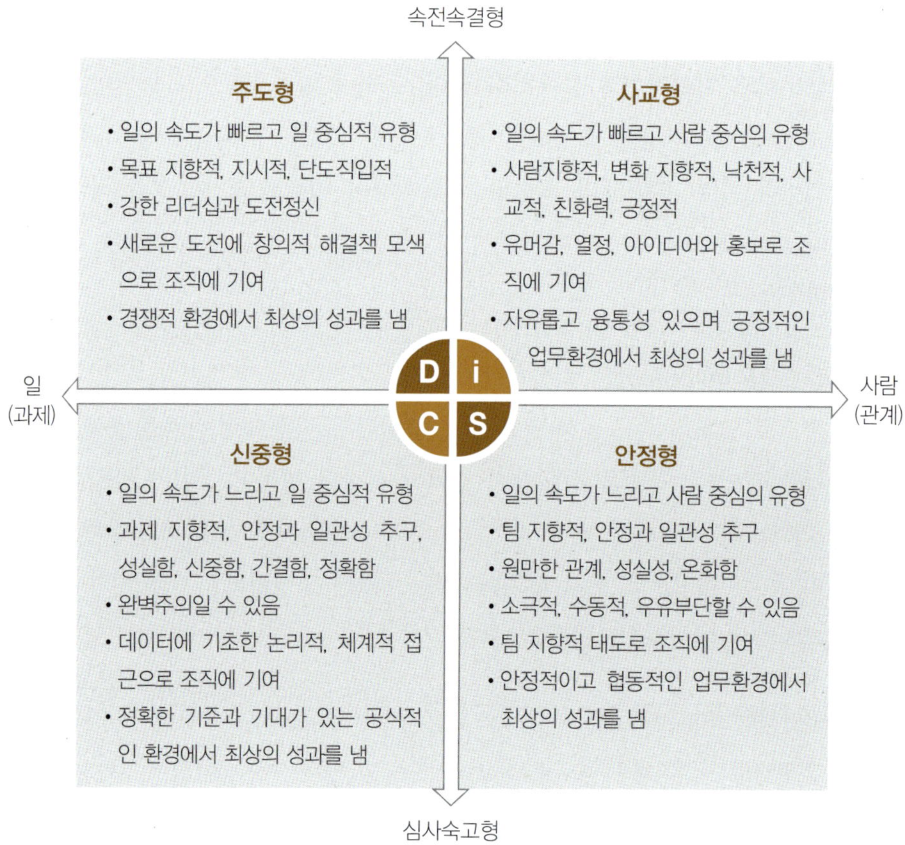

[그림 5] DiSC 행동유형별 특성

(2) DiSC 행동유형별 감정표현 특성

DiSC 행동유형별로 각 유형마다 독특한 감정표현의 특성과 감정을 다루는데 장·단점을 가지고 있으며, 스트레스 상황에서의 감정표현과 해소방법도 각각 다르게 나타난다. 이는 옳고 그름이 있는 것이 아니라 단지 각기 서로 다른 행동의 경향성과 감정표현 방식을 가지고 있는 개개인의 다양성일 뿐이다. 따라서 자신의 행동유형에 대한 특성을 파악하고, 동료 직원들의 장·단점을 이해하고 조화시킨다면 조직 내의 관계 형성에 도움이 될 것이다. DiSC 행동유형별 감정표현 특성과 스트레스 해소방법을 살펴보면 [그림 6]과 같다(한국교육컨설팅연구소, 2002).

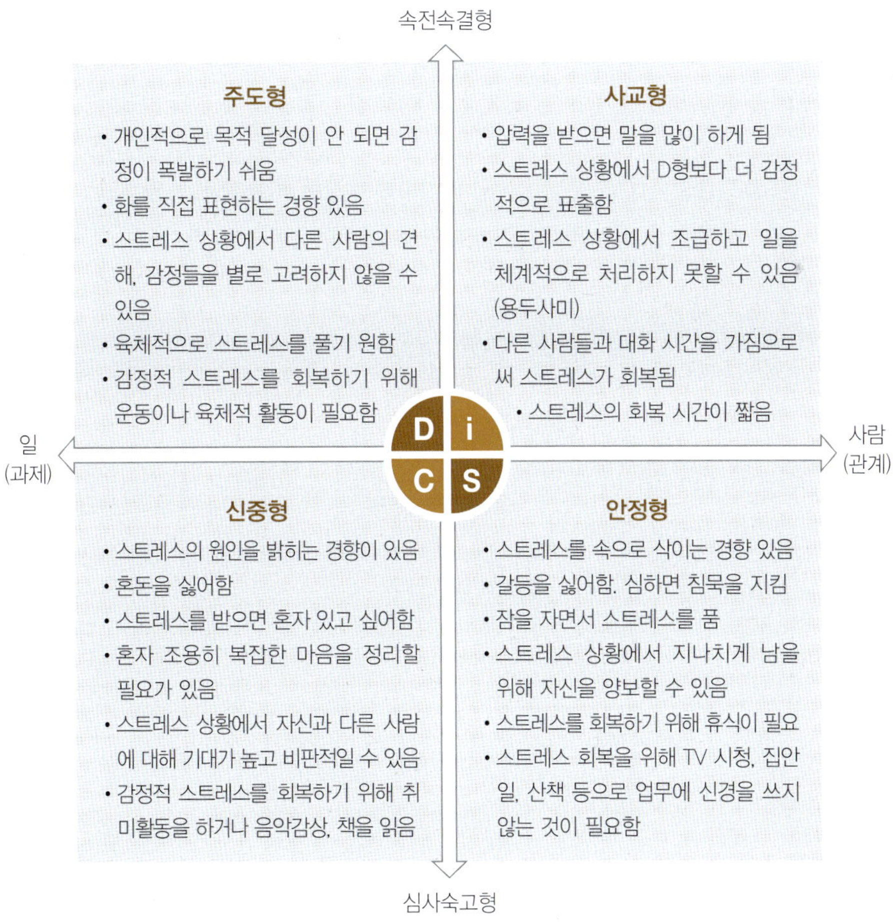

[그림 6] DiSC 행동유형별 감정표현 특성

"사람들마다 독특한 감정표현 방식을 가지고 있다.
동료 교직원들의 감정을 표현하는 장점과 단점을 이해하고 조화시킨다면
조직 내 관계 형성에 도움이 될 수 있다."

(3) DiSC 행동유형별 팀에서의 행동 특성

대부분의 직장에서는 공동의 목표를 효과적으로 달성하기 위해서 팀을 구성하여 일을 한다. 팀 내에서 사람들은 DiSC 행동유형별로 어떤 행동 특성을 나타낼까? DiSC 유형별로 교직원들의 일하는 방식과 팀에 기여하는 방식을 이해할 수 있다면 장점을 살려 업무분장을 하고 업무 효과를 높일 수 있을 것이다. DiSC 유형별로 팀원이라면 팀워크를 위해 어떻게 행동할지, 리더라면 리더십 유형과 관리 스타일이 어떠할지 살펴보면 〈표 3〉, 〈표 4〉와 같다(Rosenberg & Silvert, 2013).

"교직원들의 일하는 방식과 팀에 기여하는 방식을 이해할 수 있다면
장점을 살려 업무분장을 하고 업무 효과를 높일 수 있다."

〈표 3〉 팀원인 경우 DiSC 행동유형별 팀워크 행동

구분	D	i	S	C
팀에서 무엇을 기여하나?	자신감	융통성	응집성	품질과 우수성
어떻게 타인에게 동기를 부여하나?	열심히 일하고 오랜 시간 동안 일한다.	전략상 필요한 변화를 꾀한다.	협력해서 일한다.	자신의 기술을 완벽하게 다듬는다.
무엇을 증대시키나?	경쟁력	열정	성실형	능력
어떤 팀 요소를 강화하는가?	생산성	창의성	협동력	효율성
어떤 팀 요소를 발전시키나?	속도	비전	정신	전략

〈표 4〉 리더인 경우 DiSC 행동유형별 리더십 유형과 관리스타일

구분	D	i	S	C
태도는 어떠한가?	자신 있는 전략을 제시한다.	미래에 관한 창의적인 비전을 제시한다.	권한을 흔쾌히 공유한다.	매우 잘 조직된 태도를 취하고, 타인에게도 그와 같은 태도를 요구한다.
리더십 유형은 어떠한가?	권위적인 리더십 유형	자유분방한 리더십 유형	민주적인 리더십 유형	엄격한 리더십 유형
무엇에 대해 보상하는가?	주도적이고 용기 있는 행동	창의성과 열정	협력과 헌신	정확성과 품질
어떤 분위기를 조성하는가?	결과에 기반을 둔 공식적인 분위기	체계가 없고 낙관적인 분위기	편안하고 정다운 분위기	엄격한 규칙을 준수하는 분위기
어떤 회의를 이끌어내는가?	요점을 짚는 공식적인 회의	본론을 벗어난 대화가 이루어지는 격식 없는 회의	모두의 참여를 이끌어 내는 개방적인 회의	안건에 따라 진행하는 체계적인 회의
어떻게 업무를 처리하는가?	목표를 달성하려고 통제권을 확보한다.	위임을 잘 하지만 추후 점검에 약하다.	타인에게 의존해서 많은 일을 처리한다.	자기가 직접 업무를 수행한다.

출처: Rosenberg, M., & Silvert, D. (2013). 사람을 읽는 힘 DiSC. (이미정 역). 서울: 베가북스.

생각나누기

교직원의 DiSC 행동유형 알아보기

어린이집(유치원)에서 교직원들의 서로 다른 DiSC 유형이 어떻게 결합되느냐에 따라 조직의 분위기나 장·단점도 달라집니다. 우리 원은 어떤 행동유형 특성을 가진 사람들로 구성되어 있을까요? 우리 원의 DiSC 유형별 교직원 구성과 팀원들의 특성을 알아보고, 조화롭게 일하기 위한 방법을 생각해 보세요.

1 우리 원(학급)은 어떤 유형의 사람들로 구성되어 있나요? 해당 유형에 속한 교직원의 이름을 적어 보세요.

D 주도형　　i 사교형　　S 안정형　　C 신중형

2 우리 원(학급)은 구성원의 DiSC 유형별 비율에 따라, 리더의 행동유형에 따라 어떤 특성을 가지고 있나요? 우리 원(학급)의 일 처리 방식이나 분위기, 강점과 단점에 대해 생각해 보세요.

3 다른 행동유형을 가진 교직원들과 조화롭게 일하기 위해서는 어떤 노력이 필요할까요? 서로의 강점을 팀워크에 효율적으로 활용하기 위한 방법은 무엇일까요?

생각실천하기

'서로 다른 우리' 다른 유형의 동료들과 함께 일하기

일상에서 행동 특성이 서로 다른 동료들과 함께 일하기 위해 나의 강점을 발휘해 보고 단점을 개선하면서 무엇을 할 수 있을지 계획하고 실천해 보세요.

1 업무수행을 향상시키기 위해서 나를 변화시킨다면 무엇을 할 수 있을까요? 나의 감정표현 방식의 특성, 강점과 한계 등을 고려해서 생각해 보세요.

2 다른 행동유형의 동료들과 협력해서 일하기 위해 무엇을 할 수 있을까요? 실천 후 나와 동료들의 변화는 어떠한가요?

- 주도형(D) 동료와 협력해서 일하기 위해 나는 무엇을 할 수 있을까요?

- 사교형(i) 동료와 협력해서 일하기 위해 나는 무엇을 할 수 있을까요?

- 안정형(S) 동료와 협력해서 일하기 위해 나는 무엇을 할 수 있을까요?

- 신중형(C) 동료와 협력해서 일하기 위해 나는 무엇을 할 수 있을까요?

참고문헌

김수영, 조혜진(2011). 유아교육기관 멘토-멘티의 행동유형에 따른 초임교사의 조직몰입 및 직무만족. 아동교육, 20(3), 51-67.

이지영(2014). 정서조절 코칭북. 서울: 시그마프레스.

조혜진(2021). 유아교사의 정서역량 2판. 서울: 창지사.

한국교육컨설팅연구소(2002). DiSC 강사과정 교재 및 매뉴얼. 서울: 한국교육컨설팅연구소.

Bradberry. T. & Greaves. J.(2013). 감성지능 코칭법. (김규태 역). 서울: 넥서스BIZ. (원저 2009년 출판)

Ekman, P.(2014). 언마스크, 얼굴 표정 읽는 기술. (함규정 역). 서울: 청림출판. (원저 2003년 출판).

Goleman, D., Boyatzis, R., & Mckee, A.(1995). 감성의 리더십. (장성훈 역). 서울: 청림출판. (원저 2002년 출판).

Marston, W. M.(1979). *Emotion of Normal People*. Minneapolis: Persona Press.

Mayer, J. D. & Salovey, P.(1997). What is emotional intelligence? In P. Salovey & D. J. Sluyter(eds.), *Emotional development and emotional intelligence :Educational implication*. New York: Basic Books.

Plutchik, R.(1980). *Emotion: A psychoevolutionary synthesis*. New York: Harper & Row.

Plutchik, R.(2000). *Emotions in the practice of psychotherapy: Clinical implications of affect theories*. Washington, DC: American Psychological Association.

Rosenberg, M. & Silvert, D.(2013). 사람을 읽는 힘 DiSC. (이미정 역). 서울: 베가북스. (원저 2013년 출판)

Salovey, P., Brackett, M. A. & Mayer, J. D.(2004). *Emotional Intelligence: Key Readings on the Mayer and Salovey Model*. New York: National Professional Resource.

Schilling, D.(2001). 고교생과 대학생을 위한 정서지능. (조수연, 노성향, 임선빈 역). 서울: 양서원. (원저 1996년 출판).

Swinkels, A. & Giuliano, T. A.(1995). The measurement and conceptualization of mood awareness: monitoring and labeling one's mood states. *Personality and Social Bulletin, 21*,

934–949.

Zins, J. E., Weissberg, R. P., Wang, M. C., & Walberg, H. J.(2004). *Building school success through social and emotional learning*. New York: Teachers College Press.

기사 및 동영상

EBS(2021.11.3.) [EBS 위대한 수업, 그레이트 마인즈] '공포의 뇌과학' 4강 공포와 불안. https://www.youtube.com/watch?v=Oax-5ipgse4 에서 인출.

유 퀴즈 온 더 블럭(2022). 김영하 편, 감정을 섬세하게 들여다봐야 하는 이유. https://youtu.be/GD5TmEIEK38 에서 인출.

CHAPTER

02

스트레스 관리

• • • 학습목표

- 자신과 팀원이 경험하는 부정적 정서와 스트레스에 관심을 갖는다.
- 스트레스의 원인과 생각, 반응의 관계를 이해하고 자신과 팀에 적합한 스트레스 관리 전략을 탐색하고 개발한다.

스트레스가 없다면 얼마나 좋을까? 불행히도 스트레스가 전혀 없는 직장생활은 없다. 특히 교직은 정서노동과 스트레스가 많은 직업 중 하나이다. 정서노동의 직업별 실태조사(한국직업능력개발원, 2013) 결과에 따르면, 유치원교사와 보육교사는 조사대상 203개 직업들 중 정서노동을 많이 수행하는 직업 30선에서 나란히 23위와 26위를 차지하였다. 이처럼 유아교사들은 어린 영유아들을 대상으로 장시간 동안 교육하고 돌보는 일을 하기 때문에 초중등교사보다 더 다양하고 복잡한 직무를 수행하고 있고 육체적 피로와 정신적 스트레스를 더 많이 경험하게 된다.

교사의 직무 스트레스는 교사로서 직무를 수행하는 과정에서 경험하게 되는 불안, 긴장, 분노 등의 부정적인 기분이나 불쾌한 정서 상태를 의미한다. 일반적으로 적절한 스트레스는 업무에 활력을 줄 수 있지만 지나친 스트레스는 교사의 개인적인 건강은 물론 직무수행에도 부정적인 영향을 미칠 수 있기 때문에 스트레스를 예방하고 감소시키려는 노력이 필요하다. 따라서 교사의 직무 스트레스를 없애려 하기보다 잘 관리하는 것이 필요하며, 사람마다 똑같은 스트레스를 받아도 대처방법이 다르고 몸의 반응도 다르기 때문에 각자 자신에게 맞는 방법을 찾는 것이 중요하다.

운영Tip

스트레스 관리에서는 스트레스의 원인-생각-반응의 관계, 스트레스 관리 방법을 이해하도록 운영한다. 또한 교직원들과 스트레스 관리 전략을 공유하고 피드백을 주고받음으로써 자신과 팀에 도움이 되는 스트레스 관리 전략을 탐색하고 개발할 수 있도록 운영한다.

- 〈생각열기〉를 위한 활동을 중심으로 최근 경험했던 자신의 스트레스에 대해 자유롭게 이야기 나누면서 교직원들의 스트레스 경험에 대해서 관심을 갖는다.
- 〈생각채우기〉에서는 스트레스의 원인과 결과, 스트레스 관리방법에 대한 이해를 위하여 강의와 동영상 시청, 사례토의를 하면서 주요 내용을 학습한다. 스트레스 검사를 통해 자신의 스트레스에 대해 탐색하고 팀원들과 정서 조절 및 스트레스 관리방법을 공유하고 피드백을 주고받는다.
- 〈생각나누기〉에서는 스트레스를 유발하는 상황에서 어떻게 생각하느냐에 따라 서로 다른 감정과 행동의 결과가 나온다는 것을 이해하고, '비합리적인 자동적 사고'를 '합리적이고 적응적인 사고'로 전환하는 방법에 대해 사례별 토의를 하면서 연습한다.
- 〈생각실천하기〉에서는 현재 나의 스트레스 상황이나 문제를 동료들과 공유하고 일상에서 전지적 참견 시점으로 동료들과 격려와 응원을 나눈다.

생각열기

〈생각열기〉를 위한 활동으로 최근 나의 스트레스에 대해 자유롭게 이야기 나눈다. 최근 직무수행 과정에서 내가 경험했던 스트레스 요인에 대해 생각해 보고 그로 인해 내가 경험했던 감정과 행동, 업무나 타인과의 관계에 미친 영향들에 대해서 교직원들과 공유한다.

활동 최근 나의 스트레스는?

- 최근 나에게 발생한 스트레스 상황이나 사건, 문제들을 생각해 보고, 동료들과 각자의 스트레스를 공유해 봅시다. 최근 직무를 수행하면서 나에게 부정적인 감정을 주었던 상황이나 사건, 문제들을 적어 보세요.

- 위의 스트레스 상황이나 문제로 인해 어떤 생각과 감정을 느꼈으며, 어떻게 행동했는지 적어 보세요.

1 스트레스 이해

1) 스트레스의 개념

스트레스란 라틴어 'stringer(팽팽하게 죄다, 바짝 끌다)'에 어원을 두고 있으며, '긴장, 또는 압력'을 의미한다. 스트레스의 사전적 의미는 '적응하기 어려운 환경에 처할 때 느끼는 심리적·신체적 긴장 상태'로 정의되고 있다(표준국어대사전, 2021). 이러한 스트레스는 적응 과정에서 불가피하게 경험하는 신체적, 심리적 현상으로 외부환경에 대한 인간의 방어적 반응, 즉 긴장 상태를 의미한다.

- **임혜경 외(2014)** 스트레스란 외부환경에서 받는 물리적·심리적 압력과 내부를 보호하려는 방어기능 사이에 균형이 깨져서 나타나는 신체적 · 정신적 증상을 의미한다.
- **Ivancevich(1993)** 스트레스는 실제로 개인차와 심리적 과정에 의해 매개된 적응적인 반응이고 사람에게 어떤 과도한 심리적, 육체적 요구를 하는 외적, 환경적 행동, 상황 또는 사건의 결과이다.
- **Lazarus & Folkman(1984)** 스트레스란 개인의 안녕을 위협하고 개인이 가진 자원을 요구하거나 그 한계를 초과하는 상황과 사람 사이의 특정한 관계를 의미한다.

스트레스는 영향과 효과에 따라 긍정적인 스트레스와 부정적인 스트레스로 구분된다. 긍정적 스트레스는 유스트레스(eustress)라고 불리며, 약간의 긴장감으로 흥미, 기쁨, 열정을 가져오는 반면, 부정적 스트레스는 디스트레스(distress)라고 불리며, 지나친 긴장감으로 짜증, 괴로움, 불편함 등으로 신체적·정신적으로 고갈되는 경험을 갖게 한다(임혜경 외, 2014). 여기서 중요한 것은 '어느 정도'에서 유스트레스가 디스트레스로 변하느냐는 것이며, 심각한 디스트레스로 인한 부정적인 영향이 나타나기 전에 스트레스를 관리하는 것이 필요하다.

2) 스트레스의 원인(A)-생각(B)-반응(C)

스트레스는 스트레스의 유발 원인에 대하여 어떻게 해석하고 생각하느냐에 따라 서로 다른 결과가 나타나는데, 이를 ABC원리, 감정에 대한 인지적 모델로 설명할 수 있다(설기문, 2014; 이지영, 2014; 임혜경 외, 2014). 감정에 대한 인지적 모델은 어떤 사건에 대한 자신의 인지, 즉 생각에 초점을 두고, 내가 자극을 어떻게 인지하느냐가 감정과 행동에 영향을 미친다는 것이다. ABC 모델에서 A는 선행사건(Activating event)을 말하고, B는 신념, 생각, 해석(Belief)을, 그리고 C는 결과(Consequence)를 의미한다.

[그림 7] 감정에 대한 인지적 모델

(1) 스트레스 원인

스트레스의 원인은 무엇일까? 스트레스의 원인을 보통 스트레스원(stressor) 또는 유발인자(trigger)라 부른다. 스트레스의 원인 중 생활 변화와 물리적 환경에 대해 살펴보면 다음과 같다.

① 생활 변화

일상생활에서 경험하는 생활사건들이 개인에게 스트레스를 유발하는 원인으로 작용한다. 일상생활에서 일어나는 생활사건은 크게 가족이나 친구와 관련된 생활사건, 학교·직장과 관련된 생활사건, 경제적 생활사건 등이 있다(Holmes & Rahe, 1967). 아래 제시된 스트레스 요인에는 부정적 생활사건도 있지만 임신, 결혼, 휴가,

승진 등과 같이 보통 긍정적 생활사건이라고 생각하는 것도 포함되어 있다.

- **가족이나 친구와 관련된 생활사건**: 질병과 죽음, 이혼, 결혼, 임신, 불화 등
- **학교·직장과 관련된 생활사건**: 입학, 전학, 부서 이동, 휴가, 승진, 이직, 해고, 은퇴, 조직 내 갈등 등
- **경제적 생활사건**: 재정적 상황의 변화, 카드 연체, 과도한 대출 등

② 물리적 환경

현대 사회에서는 물리적 환경 또한 스트레스 원인으로 작용하고 있다. 최근에는 COVID-19 등의 바이러스, 미세먼지, 대도시의 소음, 기후, 주거환경 등 다양한 물리적 환경이 개인에게 스트레스 요인으로 작용하고 있다. 급속한 경제 성장과 도시화로 사람들은 물질적 풍요를 누리고 있지만, 이로 인한 환경오염, 기후변화, 생태계 파괴, 새로운 전염병의 발생 등으로 스트레스를 경험하고 있다.

Covid-19 바이러스로 인해 포스트 코로나, 위드 코로나라는 말이 생겨날 만큼 마스크 착용의 생활화와 재택근무, 비대면 원격수업 등 생활 전반에 큰 변화를 가져왔다. 또한 환경오염과 공해, 미세먼지 등으로 호흡기 질환과 아토피 환자가 늘어나고 있고 야외활동을 위해 미세먼지 농도를 매일 체크해야 하는 불편함이 일상이 되었다. 이 외에도 아파트 등의 집합주택 거주가 늘어나면서 층간소음 등의 문제가 심각한 스트레스 요인으로 작용하고 있다.

(2) 스트레스에 대한 주관적 평가

스트레스에 대한 주관적 평가란 스트레스의 요인이 되는 어떤 사건이나 상황에 대해 어떻게 해석하고 생각하느냐, 어떤 신념을 가지느냐에 대한 것이다. 합리적 사고와 신념은 외적 사태를 이해하고 해석하는 객관적이며 타당한, 근거 있는 신념을 말하며, 비합리적 사고와 신념은 주관적이며 근거가 없는, 그래서 왜곡되기 쉬운 신념을 말한다(설기문, 2014).

**"내가 하는 생각이 스트레스에 대한 반응을 결정한다.
비합리적인 자동적 사고는 사건이나 상황을 왜곡하여 해석하기 때문에
불안, 긴장, 두려움 같은 불쾌한 감정을 유발할 수 있다."**

자극이 되는 특정 사건이나 상황에 대해 우리가 어떻게 해석하고 생각하느냐에 따라, 어떤 신념을 가지느냐에 따라 전혀 다른 감정을 경험할 수 있다. 즉, 특정 사건이나 상황에 대해 합리적인 신념이나 생각으로 해석하고 받아들이면 생산적 감정을 경험하지만, 비합리적인 신념과 생각으로 이해하게 되면 비생산적인 감정을 경험할 수밖에 없다. 이 때문에 같은 자극도 어떤 사람에게는 유스트레스로, 어떤 사람에게는 디스트레스로 다르게 받아들여진다. 인생을 살아가면서 접하는 다양한 사건과 예기치 못한 상황들에 대해 때로는 합리적으로 해석하여 생산적으로 반응하고 극복하기도 하지만, 이를 넘어선 지나친 실망, 우울, 분노, 죄책감 등을 갖게 되는 경우도 보게 된다. 이는 스트레스의 원인이 되는 사건, 상황 그 자체 때문이 아니라 이를 올바르게 해석하지 못하는 개인의 비합리적인 자동적 사고 때문인 경우가 많다.

예를 들어, A 교사가 출근해서 일을 하고 있는데 원장님이 다가와서 "어제 제출한 부모참여수업 계획서가 아주 좋던데, 수고했어요."라고 말하는 것을 듣는 순간 인정받았다는 생각에 기쁨, 뿌듯함을 느낄 수 있지만 왠지 모를 불안, 두려움을 느꼈다면 왜일까? 이는 어쩌면 '앞으로 나에게 기대를 많이 할 텐데, 내 능력이 미치지 못해서 언젠가는 원장님을 실망시킬지도 모른다.'는 A 교사의 자동적 사고 때문일 수 있다. 이처럼 비합리적인 자동적 사고는 어떤 자극이나 상황에 대해 특별한 의식 없이 아주 빠르고 짧게 자동적으로 튀어나오는 사고로서, 의식적으로 무엇인가를 의도하거나 심사숙고해서 형성되는 것이 아니며 합리적인 사고의 결과물이 아니다. 평소에 불안하고 우울해하면서 부정적인 감정을 자주 느끼는 사람은 그렇지 않은 사람들에 비해 똑같은 자극에도 부정적인 방향으로 해석하는 경향이 있다(이지영, 2014). 즉, 비합리적인 자동적 사고는 사건이나 상황을 왜곡하여 해석하기 때문에 불안, 긴장, 두려움 같은 불쾌한 감정을 유발할 수 있다.

(3) 스트레스 반응

① 신체적 반응

우리는 일상생활에서 크고 작은 스트레스를 경험하게 되고 이러한 스트레스가 축적되면 신체적 증상을 일으킬 수 있다. 스트레스에 대한 반응은 우리의 몸을 보호하기 위한 적응기제로, 스트레스를 받으면 우리의 몸은 다음 세 단계를 거쳐 반응하게 된다(한광일, 2008; Selye, 1976).

- **경고기** – 스트레스 상황에 대한 초기반응단계로, 우리 몸이 스트레스원에 대해 저항을 시작하는 시기이다. 경고반응기에는 심장박동이 증가하고 체온과 혈압의 저하, 복통, 설사, 두통 등의 증상이 나타나지만 휴식을 취하면 정상으로 돌아갈 수 있다.
- **저항기** – 스트레스 상황에 적응하려 하거나 저항을 하는 단계로, 우리 몸이 스트레스원에 적극적으로 저항하는 시기이다. 부신피질 호르몬이 분비되면서 혈압이 올라가고 면역력이 떨어지는 반응이 나타난다. 특히 신체의 특정 부위에 문제가 집중될 수 있으며, 저항단계가 지나치게 지속되면 건강의 균형을 잃게 된다.
- **소진기** – 신체의 적응능력을 상실한 단계로, 스트레스의 강도나 기간이 저항기를 벗어나 소진기에 이르면 스트레스원에 대한 저항력이 떨어져 신체적·정서적으로 병이 생긴다. 스트레스를 지각하고 적절한 대처를 하지 않는다면 당뇨병, 비만, 심혈관 질환 등의 신체적 질환과 우울, 불안, 집중력 장애 등의 정신적 질환이 야기될 수 있다. 충분한 휴식으로 신체능력의 회복과 항상성 유지를 위한 노력이 필요하다.

② 정서적 반응

스트레스 상황에서 나타나는 감정은 크게 분노, 불안, 우울과 무기력의 세 차원으로 구분할 수 있다(이지영, 2014; 임혜경 외, 2014).

- **분노** – 분노는 스트레스 상황에서 짜증, 분노, 격노 등으로 빈번히 경험되는 정서이다. 분노는 자신을 보호하기 위해 상대방에게 공격성을 갖고 대항하게 하고 억울하거나 부당한 일을 당했을 때 스스로를 보호해 준다. 그러나 지속적인 관계를 유지해야 하는 경우에는 분노가 인간관계를 악화시킬 수 있기에 자신의 감정을 잘 조절하고 상대에게 효과적으로 의사소통할 수 있는 방법을 찾아야 한다.
- **불안** – 불안은 고통이 있거나 그것이 예상될 때, 혼자 있을 때, 위험하다고 느낄 때 두려움, 긴장, 걱정 등으로 나타난다. 적당한 불안은 각성과 집중력을 높여 학습이나 업무에 도움을 주지만, 지나친 불안은 집중력을 떨어뜨릴 뿐 아니라 심장박동과 근육 긴장을 높여 학습이나 업무 효율에 방해가 된다.
- **우울과 무기력** – 우울은 돌이킬 수 없는 상실이나 좌절과 관계되는 정서로, 슬픔, 고통, 무기력 등으로 나타나며 각성 수준이 낮은 상태이다. 자신에게 신체적, 심리적으로 가까운 사람과 멀어졌을 때, 타인과 단절될 때, 희망이 사라졌을 때, 중요한 목표가 실패했을 때 나타나는 정서적 반응이다.

2 스트레스 관리의 ABC

스트레스 관리란 스트레스를 주는 사건에 대응하여 건강한 자제력을 발휘하여 할 일을 침착하고 신중하게 계속해서 일이 잘 돌아가도록 하는 능력(Nelson & Low, 2012)이다. 우리가 일상에서 스트레스를 다루는 것은 마치 곡예사가 저글링을 하는 것처럼 위태롭고 균형감이 필요하다. 또한 적정 수준의 유스트레스를 유지하면서 심각한 디스트레스로 전환되어 오래 지속되지 않도록 스트레스를 관리하는 것이 필요하다(조혜진, 2021).

**"스트레스 관리란 유스트레스가 심각한 디스트레스로 전환되어 오래 지속되지 않도록 스트레스를 적정 수준으로 유지하는 것이다.
스트레스의 원인을 막고, 생각을 바꾸고, 몸과 마음을 관리하라."**

앞서 살펴본 스트레스의 인지적 모델에 기초한다면 스트레스 관리는 스트레스의 원인과 생각, 반응을 조절한다는 것을 의미한다. 스트레스 관리를 위하여 ABC 모델에 기초해서 스트레스에 대한 A(자극, 사건)를 막고, B(생각)를 바꾸고, C(신체·정서적 반응)를 관리하는 방법을 살펴보고자 한다.

1) A(자극, 사건)를 막아라!

우리는 살면서 여러 가지 스트레스 요인들과 마주하게 된다. 이러한 스트레스 요인들을 모두 없앨 수 있다면 좋겠지만, 스트레스가 전혀 없는 진공상태란 없다. 오히려 현대인들에게 스트레스를 유발하는 원인들은 점점 늘어나고 있다. 그렇다면 우리는 일상에서 마주하는 스트레스 원인들을 어떻게 다루어야 할까? 가장 이상적인 것은 스트레스의 외적 원인과 내적 원인을 잘 관리하여 스트레스를 최대한 줄이는 것이 적극적인 대처방법일 것이다. 아래의 활동을 통하여 나의 스트레스 원인을 찾아 진단하고, 통제 가능한 스트레스 원인을 관리하는 것이 필요하다.

Holmes와 Rahe(1967)는 우리가 일상생활에서 부딪치는 대표적인 스트레스 상황들을 생활변화량으로 정의하여 계산하는 '사회재적응 평가척도'를 개발하였다. 이 척도는 개인에게 스트레스를 주는 43개의 생활사건 리스트와 개인의 재적응에 미치는 영향력을 산출하여 스트레스 순위를 매긴 것으로, 개인의 스트레스 정도와 질병 발병 간에 유의한 관계가 있음을 보여 주었다. 아래의 활동을 통해 나의 스트레스 정도를 진단해 보고 스트레스를 유발하는 원인에 대한 관리방법을 생각해 본다.

**"스트레스를 유발하는 원인을 진단하고
통제 가능한 원인을 최대한 줄이고 막는 것이 적극적인 스트레스 관리방법이다."**

활동 Holmes와 Rahe의 사회재적응 평가척도

■ 지난 1년간 본인에게 일어난 생활사건들을 모두 고르고, 해당 생활사건의 변화치를 모두 합산하여 나의 스트레스 정도를 진단해 보세요.

생활사건	변화치	생활사건	변화치
1. 배우자의 사망	100	23. 자녀의 출가	29
2. 이혼	73	24. 시댁 또는 처가와의 갈등	29
3. 별거	65	25. 우수한 개인적인 공적	28
4. 수감생활	63	26. 배우자의 복직 또는 휴직	26
5. 가족의 죽음	63	27. 학기 초 또는 말, 입학 또는 졸업	26
6. 상해 또는 질병	53	28. 생활조건의 변화	25
7. 결혼	50	29. 개인 습관의 변화	24
8. 해고	47	30. 상사와의 갈등	23
9. 별거 후 재결합, 부부간 화해	45	31. 작업 시간 또는 작업 조건의 변화	20
10. 은퇴	45	32. 이사	20
11. 부모의 건강	44	33. 진학	20
12. 임신	40	34. 여가의 변화	19
13. 성 문제	39	35. 개종	19
14. 새로운 가족 구성원	39	36. 사회활동의 변화	18
15. 직업상 겪는 중대한 위기	39	37. 저당 혹은 소액 대출	17
16. 재정적 상황의 변화	38	38. 취침 습관의 변화	16
17. 친한 친구의 죽음	37	39. 가족이 모이는 시간의 변화	15
18. 직업적 상황 변화, 부서 이동	36	40. 음식 습관의 변화	15
19. 잦은 부부 싸움	35	41. 휴가	13
20. 저당 또는 과도한 부채(1,000만 원 이상)	31	42. 크리스마스	12
21. 저당물의 압수	30	43. 벌금 또는 교통범칙금	11
22. 직업상 책임의 변화	29		

※ **진단해석**

- 150점 이하: 스트레스가 낮은 편
- 150~199점: 질병 발생률은 9~33% 정도, 질병에 대한 저항력이 높음
- 200~299점: 질병 발생률은 30~52% 정도
- 300점 이상: 질병 발생률은 50~85% 정도, 위험 상태임

출처: Holmes, T. H., & Rahe, R. H. (1967). The social readjustment rating scale. Journal of Psychosomatic Research, 11, 213-218.

2) B(생각)를 바꿔라!

우리는 어떤 사건이나 상황에 대하여 어떻게 해석하고 생각하느냐, 그리고 어떤 신념을 갖느냐에 따라 전혀 다른 정서를 경험할 수 있다. 즉, 특정 사건이나 상황에 대하여 합리적인 신념과 생각으로 해석하고 받아들이면 생산적 감정을 경험하지만 비합리적인 신념과 생각으로 이해하면 비생산적인 감정을 경험할 수밖에 없다.

스트레스 요인 중 개인의 비합리적인 자동적 사고가 불쾌한 감정을 유발할 수 있음을 확인하였다. 비합리적인 자동적 사고는 특정한 상황에서 자동적으로 떠오르는 즉각적이고 왜곡되고 부정적인 사고를 의미하는 것으로, 이는 지각된 스트레스 원인에 대한 반사적 반응이 어떤 의도나 의지 없이 무의식적인 습관적 반사로 떠오르게 된다. 이러한 부정적인 생각은 부정적인 스트레스를 유발하여 우리 몸과 사회적 관계에 좋지 않은 영향을 미치게 된다. 그러므로 우리는 비합리적인 생각을 의식적으로 통제하고 적극적으로 생각을 바꾸려는 노력이 필요하다.

우리는 평소 자동적 사고에 주의를 기울이지 않아서 이를 잘 인식하지 못하지만, 감정의 변화에 주목하여 조금만 주의를 기울이면 자동적 사고를 파악할 수 있다. 아래 활동에 제시된 사례를 통해 비합리적인 자동적 사고를 합리적이고 적응적인 사고로 전환하는 연습을 해 볼 수 있다. 또한 감정일기를 쓰는 것은 일상생활에서 자동적으로 나타나는 자신의 비합리적 사고유형을 이해하는 데 도움이 된다. 매일 자신의 일상과 생각, 감정을 기록하다 보면 자신에게 스트레스를 가져오는 비합리적인 자동적 사고를 인식하고 합리적인 사고로 전환하는 데 도움이 된다.

> "생각을 바꾸면 결과가 달라진다.
> 비합리적인 자동적 사고는 불쾌한 감정을 유발할 수 있다.
> 비합리적인 자동적 사고를 의식적으로 합리적인 적응적 사고로
> 전환하려는 노력이 필요하다."

활동 비합리적인 자동적 사고를 합리적이고 적응적인 사고로 전환하기

- 아래 동영상 자료에 나타난 부부 사례에서 아내가 화를 내게 된 이유에 대해서 이야기를 나누어 보세요.

  ⊙ 〈EBS 다큐 프라임〉 "당신이 화내는 진짜 이유" 1부 원초적 본능, 화의 비밀
  https://youtu.be/qOuNMyTfGQY?t=27

A(스트레스 원인)	B1(비합리적 사고)	C1(비생산적인 결과)
	B2(합리적 사고)	C2(생산적인 결과)

A		
A 아내가 머리가 아프다고 하는데 남편이 방을 나간다.	B1 남편이 나한테 무관심하다.	C1 화가 남, 속상함
	B2 편히 쉬라고 자리를 비켜 주는 것이다.	C2 화가 나지 않음

- 아래 사례에서 스트레스 원인(A)이 된 행동이나 상황에 대해 어떻게 생각하느냐에 (B1/B2) 따라 나타날 수 있는 반응의 결과(C1/C2)에 대해서 이야기 나누어 보세요.

A	B	C
A 동료 교사들이 모여서 이야기하다가 내가 들어가니 흩어진다	B1 왜 나만 빼고 얘기하지? 내 험담을 하는 건가?	C1 당황, 불쾌함
	B2	C2

A	B	C
A 원장님이 회의 시간에 나의 업무수행 중 잘못된 점을 지적하신다.	B1 다른 선생님들도 있는데 왜 하필 지금 나한테만 뭐라고 하시지? 나를 미워한다.	C1 부끄러움, 속상함, 절망감
	B2	C2

3) C(신체·정서적 반응)를 관리하라!

대부분 사람들은 스트레스를 받게 되면 면역력이 떨어지고 감기, 두통, 소화기 계통의 질병이 잘 걸리게 된다. 또한 스트레스 반응으로 나타나는 화, 불안, 우울 등의 정서적 반응은 일상생활에서 경험하게 되는 자연스러운 반응이다. 그러나 이러한 감정이 너무 격렬하거나 오랫동안 지속된다면 개인의 건강이나 학업, 직장업무, 인간관계에 미치는 이차적 영향이 크기 때문에 화, 불안, 우울을 다루고 관리하는 것이 필요하다. 신체적 안녕은 정서적, 심리적 안녕과 매우 밀접하게 관련되어 있으며, 건강한 신체는 정신적 건강을 돕고 삶을 보다 적극적으로 살아가게 해 준다. 따라서 평소에 몸과 마음의 건강 관리를 위해 적절한 휴식과 긴장완화를 위한 노력이 필요하고, 정서를 돌보고 마음의 에너지를 재충전하는 것이 필요하다.

첫째, 규칙적이고 건강한 생활습관을 갖는다. 스트레스 관리를 위해 모두 알고 있는 방법이지만 실천하는 것이 제일 중요하다. 불규칙적인 식사와 생활패턴 등은 개인의 건강은 물론 학업과 직장생활, 가족들과의 관계에도 문제가 될 수 있다.

둘째, 자신에게 효과적인 긴장이완법을 개발하고 연습한다. 강렬한 감정 상태일 때 교감신경계의 흥분으로 근육 긴장, 심장박동 증가, 호흡 증가, 소화불량, 식은땀, 두통, 위통 등의 신체반응이 나타난다. 이때 자신의 감정을 가라앉힐 수 있는 긴장이완법을 갖는 것이 필요하다. 효과적인 긴장이완법으로는 복식호흡, 명상, 즐거웠고 편안했던 기억을 떠올리는 상상하기 등이 있다.

셋째, 자신의 내면에 관심을 갖고 자기 자신을 인정하고 격려하면서 마음을 돌본다. 자신에게 관심 갖기는 자아건강을 위하여 관심의 방향을 자신의 외부에 두는 것이 아니라 자신의 내면에 두는 것이다(Watson & Swim, 2008). 요즘 나는 어떠한지 자신의 내면을 들여다보고, '왜 자꾸 머리가 아플까?', '모든 상황이 왜 부정적으로만 느껴지는 걸까?' 등 자신의 심신에 느껴지는 변화를 민감하게 느껴 보는 것이다. 자신에게 관심 갖기는 내면의 자아를 정돈하는 데 도움이 되고 매일의 일상에서 소진되지 않도록 자신에게 자양분을 공급하고 자기 충전을 준비할 수 있게 한다. 이후 자신의 내면을 들여다보면서 자신이 느끼게 되는 감정을 비판 없이 인정하고 수용하는 것이 필요하다. 자신에 대한 후회, 비판, 화, 슬픔, 좌절 등과 같은 불쾌한 생각과 느낌이 있다면 이러한 비판적 메시지를 '괜찮아, 그땐 그럴 수밖에 없었어. 지금까지 잘 적응했듯이 앞으로도 잘 해낼 수 있어.'라고 자신을 인정하고 격려하는 메시지로 바꾸는 것이다. 이 방법은 자기 자신을 있는 그대로, 긍정적으로 받아들이고 자신이 하는 일에 긍지를 가지는 데 도움이 된다.

넷째, 신체활동과 취미생활로 마음의 에너지를 재충전한다. 걷기, 산책하기, 영화 보기, 음악 듣기 등의 신체활동이나 취미생활을 하며 마음의 즐거움을 얻고 재충전을 한다면 스트레스 상황에 대처할 수 있는 에너지를 얻을 수 있다.

다섯째, 주변 사람과 소통하는 시간을 갖는다. 동료, 선배, 친구들을 만나서 공감·위안을 얻거나 조언을 구함으로써 정서를 조절할 수 있다. 직장동료, 가족, 친구들과 마음을 함께 나누는 것은 불안감을 줄이고 심리적 지지를 얻는 데 중요하다.

이 외에 정서를 조율하는 과정에서 평소 자신이 사용하는 정서 조절 방법은 무엇인지 동료들과 아래의 활동을 통해 공유해 보자. 서로의 정서 조절 방법에 대해 공유하고 피드백을 주고받으면서 불쾌한 감정이 들 때 사용할 수 있는 나만의 효과적인 정서 조절 방법을 찾고 적용하는 것이 필요하다.

> "몸과 마음의 건강 관리를 위해
> 적절한 휴식과 긴장완화를 위한 노력이 필요하고,
> 정서를 돌보고 마음의 에너지를 재충전하는 것이 필요하다."

활동

나의 정서 조절 방법

- 나의 정서 조절 방법은 무엇인가요? 스트레스를 받았다고 느꼈을 때 정서적 안정을 되찾기 위해 사용하는 방법이 있다면 무엇인가요? 동료 교사들의 정서 조절 방법도 공유해 봅시다.

예 나만의 조용한 공간에서 눈을 감고 깊게 호흡한다.

생각나누기

생각으로 푸는 스트레스

아래의 사례를 읽고 선생님이라면 자동적으로 어떤 생각과 감정을 느끼며 행동하게 될지 적어 보세요. 비합리적인 자동적 사고를 했다면 이성적 신념이나 합리적 사고로 바꾸어서 적어 보고 대안도 찾아보세요.

사례1 부모참여수업이 있어서 나는 옆반 B교사와 부모님들께 보낼 카드와 활동들을 찾아보고 다음날 아이디어 회의를 하기로 했다. 그런데 다음날 B교사는 어제 집에 급한 일이 생겨서 자료를 찾지 못해 미안하다고 하면서 내가 찾아온 걸로 진행하자고 한다. B교사는 함께 준비해야 하는 일이 있으면 여러 가지 사정을 대며 준비를 하지 않는 경우가 많다.

1 자동적으로 떠올랐던 생각이나 감정, 행동은 무엇인가요?

---

2 자신과 팀에 도움을 줄 수 있는 이성적 신념과 합리적 사고로 바꾸어 생각해 보고 대안을 찾아보세요.

사례2 나는 경력 1년차 초임교사인데, 회의 시간에 경력교사와 같은 교사로서 동등한 입장에서 이야기를 나누고 싶지만 잘 되지 않는다.

초임교사: 선생님, 저는 자유놀이 시간에 물놀이 교구를 사용했으면 합니다.

경력교사: 선생님이 처음이시라 잘 몰라 그러는데 물놀이 교구는 교실에 물을 쏟기도 하고 유아들이 미끄러지기도 해서 위험해요.

1 자동적으로 떠올랐던 생각이나 감정, 행동은 무엇인가요?

---

2 자신과 팀에 도움을 줄 수 있는 이성적 신념과 합리적 사고로 바꾸어 생각해 보고 대안을 찾아보세요.

생각실천하기

나의 스트레스에 대한 전지적 참견 시점

최근 나에게 발생한 스트레스 상황이나 사건, 문제들을 포스트잇에 적어 보세요. 교사실 한쪽 벽면에 교직원들이 적은 스트레스 포스트잇을 붙여 두고, 그 밑에 동료들의 시점에서 스트레스에 대한 조언과 참견(스트레스 관리방법, 격려의 말 등)의 글을 적어 붙여 주세요.

예 올해 대학원 과정을 병행해서 너무 힘들어요. → 현실에 안주하지 않고 발전하려는 모습을 응원합니다!
→ 지금은 힘들지만 끝나고 나면 뿌듯할 거예요!

TIP

- 교사실 벽면에 '힐링의 벽' 또는 '해우소(解憂所: 근심을 푸는 곳)' 등의 재미있는 이름을 지어 준 뒤 활동을 진행할 수 있다.
- 스트레스에 대한 전참시 활동을 교사(초임/경력교사 또는 영아/유아반)뿐만 아니라 사무원, 조리원 등으로 여러 차례 나누어서 실행할 수 있다. 동료들의 시점에서 스트레스에 대한 해결방안을 탐색하고 피드백을 주고받으면서 팀원들의 스트레스에 관심을 갖게 되고 다양한 스트레스 관리 전략을 공유할 수 있다.

참고문헌

설기문(2014). **인간관계와 정신건강**. 서울: 학지사.

이지영(2014). **정서조절 코칭북**. 서울: 시그마프레스.

임혜경, 김송이, 이금진, 이현(2014). **인간관계론**. 경기: 양서원.

조혜진(2021). **유아교사의 정서역량 2판**. 서울: 창지사.

표준국어대사전(2021). 국립국어원 표준국어대사전. https://stdict.korean.go.kr에서 인출.

한광일(2008). **스트레스 치료법**. 서울: 삼호미디어.

한국직업능력개발원(2013). 감정노동의 직업별 실태. *KRIVET Issue Brief*, 26, 1-4.

함규정(2015). **감정을 다스리는 사람, 감정에 휘둘리는 사람**. 서울: 청림출판.

Greenberg, L. S.(2002). *Emotion-focused therapy. Coaching clients to work through their feelings*. Washington, DC: American Psychological Association.

Holmes, T. H., & Rahe, R. H.(1967). The social readjustment rating scale. *Journal of Psychosomatic Research, 11*, 213-218.

Ivancevich J. M., & Matteson. M. T.(1993), *Organizational Behavior and Management (3rd)*, Chicago: Irwin.

Lazarus, R. S., & Folkman, S.(1984). *Stress, Appraisal and Coping*. NY: Springer.

Nelson, D. B. & Low, G. R.(2012). **감성지능**. (안종상, 이용철, 김성옥 역). 서울: 시그마프레스. (원저 2011년 출판).

Robert I. Woolfolk. & Frank C. Richardson(1991). *Stress, Sanity and Survival*. N.Y: A Sovereign Book.

Selye, H.(1976). *The stress of the life*. NY: Knopf.

Watson, L. & Swim, T.(2008). *Infant and toddlers: Curriculum and teaching (6th Ed.)*. New York: Thomson Delmar Learning.₩

기사 및 동영상

EBS다큐프라임(2014.07.14.). "당신이 화내는 진짜 이유" 1부 원초적 본능, 화의 비밀. https://youtu.be/qOuNMyTfGQY에서 인출.

03
PART

유아교육기관에서 팀의 정서역량 기르기

CHAPTER

03

효과적인 의사소통

• • • 학습목표

- 직장에서 소통의 중요성을 이해하고, 팀원의 언어적, 비언어적 메시지를 경청하고 개방적으로 상호작용할 수 있다.
- 성공하는 팀의 의사소통 비결을 이해하고 사례를 공유한다.
- 직장 내 소통 분위기와 조직의 의사소통 수준을 진단하고 개선한다.

직장생활에서 가장 어려운 일이 무엇이냐고 묻는다면 아마도 대부분 직장인들은 사람들과의 관계나 소통이라고 답할 것이다. 교사들도 경력이나 직급에 상관없이 조직 내에서 구성원들과 효과적으로 소통하고 관계 맺는 것에 크고 작은 어려움을 경험한 적이 있을 것이다. 직장 내에서 의사소통이 원활하게 이루어지지 않으면 사소한 의견 차이가 갈등이나 불화로 이어져 협력적인 조직 분위기를 망치고 업무 효율성도 떨어질 수 있다. 때문에 최근 기업이나 교육현장에서는 소통 잘하는 인재를 요구하고 있다.

직장에서 효과적으로 소통하기 위해서는 우선 상대방을 이해하려는 태도와 나를 표현하는 능력이 필요하다. 더불어 나는 다른 팀원들에게 '함께 일하고 싶은 사람'인지, 내가 일하는 직장의 의사소통 분위기는 '솔직하게 자신의 의견을 말할 수 있는 분위기'인지 성찰하고 개선하려는 노력이 필요하다.

운영Tip

효과적인 의사소통에서는 직장에서 소통의 중요성을 이해하고 효과적인 의사소통을 위한 경청과 자기표현기술, 성공하는 팀의 의사소통 비결을 알고 활용할 수 있도록 운영한다. 또한 직장에서 조직의 의사소통 분위기는 어떠한지, 조직과 나의 의사소통 수준을 진단하고 성찰할 수 있도록 운영한다.

- 〈생각열기〉를 위한 물음을 중심으로 직장에서 경험했던 불통과 소통의 사례에 대해 이야기 나누면서 의사소통과 업무, 인간관계에 대해서 관심을 갖고 생각을 공유한다.
- 〈생각채우기〉에서는 정확하고 개방적인 의사소통의 중요성, 업무 성과와의 관계, 경청과 자기표현의 기술, 성공하는 팀의 의사소통 비결을 이해하기 위해 강의와 사례별 토의, 관련기사와 동영상을 보면서 주요 내용을 학습한다. 또한 조직의 심리적 안전감 정도를 진단하고 조직 구성원이 실수를 하거나 모르는 것이 있을 때, 소수 의견일 때도 자유롭게 의사소통할 수 있는 분위기인지 이야기 나눈다.
- 〈생각나누기〉에서는 우리 조직의 의사소통 분위기와 의사소통 수준은 어떠한지 성찰하고 개선할 점이 있다면 무엇인지 성찰하는 활동을 실행한다.
- 〈생각실천하기〉에서는 어린이집(유치원) 교직원들과의 관계에서 나의 의사소통 수준을 솔직하게 평가해 보고, 소통 관계에서 개선할 점이 있다면 일상에서 실천해 본다.

생각열기

〈생각열기〉를 위한 물음들을 중심으로 어린이집(유치원)의 소통 분위기에 대해 자유롭게 이야기 나눈다. 불통과 소통의 경험에 대해 이야기 나누면서 그 과정에서 구성원들이 경험했던 감정, 업무에 미친 영향들에 대해서 관심을 갖고 생각을 공유한다.

〈생각열기〉를 위한 물음

- 최근에 왜 '소통'이 화두일까요?
  '고답이', '꼰대', '라떼는 말이야…' 등의 말을 들어 본 적이 있나요?
  이러한 말들은 왜 생긴 걸까요?
- 팀 작업을 할 때 함께 일하고 싶었던 사람은 어떤 사람이었나요?
- 팀 작업을 할 때 소통이 잘 되었던 동료는 어떤 사람이었나요?

1 직장에서의 의사소통

1) 의사소통의 개념

의사소통이란 라틴어 'communis(공통, 공유)'에 어원을 두고 '상호 공통점을 나누어 갖는다'는 의미가 있다. 의사소통의 사전적 의미는 두 사람 또는 그 이상의 사람들 사이에서 일어나는 의사의 전달과 상호교류가 이루어진다는 뜻으로, 가지고 있는 생각이나 뜻이 서로 통함을 의미한다(표준국어대사전, 2021). 또한 의사소통은 어떤 개인 또는 집단이 개인 또는 집단에 대해 정보, 감정, 사상, 의견 등을 전달하고 그것들을 받아들이는 과정을 의미한다(국가직무능력표준NCS, 2015).

의사소통은 화자와 청자들 간에 자신의 의미를 언어적, 비언어적 메시지로 주고받는 과정이며[그림 8], 화자, 메시지, 청자, 피드백으로 이루어진다. 화자란 생각, 감정, 정보 등의 메시지를 전달하는 사람이다. 청자는 화자가 전달하는 생각, 감정, 정보의 메시지를 받아들이는 사람이고, 피드백은 화자의 메시지가 정확히 전달되고 이해되었는지 확인하고 자신의 의사소통 방법을 수정하거나 보완하는 것이 포함된다(임혜경 외, 2014).

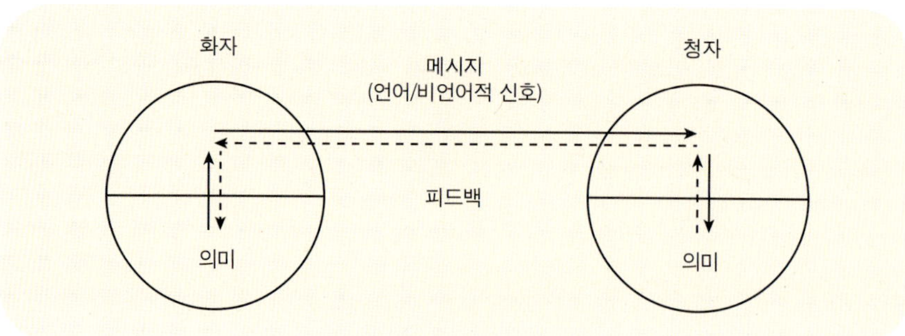

[그림 8] 의사소통의 과정

직장에서의 의사소통은 개인들이 집단을 이루어 활동할 때 그 활동을 효과적으로 수행할 수 있도록 해 준다. 원활한 의사소통은 조직과 팀의 효과성을 높이는 핵심적인 요소이다. 따라서 자신의 생각과 감정을 주고받는 의사소통기술은 직장생활은 물론 일상생활에서 바람직한 인간관계 형성을 위해 매우 중요한 요소이다. 의사소통에 대한 학자들의 정의를 살펴보면 다음과 같다.

- **임혜경 외(2014)** 의사소통은 한 사람 또는 그 이상의 사람으로부터 다른 사람에게 정보가 전달되어야 하는 과정으로, 의사소통을 잘 한다는 것은 말하는 사람이 정보를 정확하게 전달하고 듣는 사람은 그 정보를 정확하게 받아들이는 것을 말한다.
- **조벽(2016)** 소통의 핵심은 공감과 경청이다. 공감(**共感**)과 경청(**傾聽**)에 마음 '**心**'이 들어가 있는 것처럼 귀를 열고 말귀만 알아듣는 것이 아니라 마음을 열고 들어야 한다. 독을 뺀 말, 공감, 경청으로 마음을 열어야 의사소통이 가능하다.
- **조혜진, 최내리(2019)** 조직에서 의사소통역량은 조직 구성원들과 개방적으로 원활하게 상호작용하며, 정확하고 효과적으로 의견을 전달할 수 있는 능력을 의미한다.

2) 의사소통의 중요성

효과적이고 원활한 의사소통은 조직과 팀의 핵심적인 요소이며 조직의 생산성과 구성원의 사기를 높이고 정보를 공유하는 중요한 기능을 한다(NCS국가직무능력표준, 2015). 직장 내에서 동료나 후배 교사, 원장 사이에 업무상 의사소통이 잘 이루어진다면 서로에 대한 선입견이나 지각의 차이를 좁힐 수 있으며 팀워크와 사기가 높아져서 능률이 향상될 것이다. 반면에 직장 내에서 의사소통이 원활하게 이루어지지 않는다면 사소한 의견 차이가 갈등과 불화로 이어져 협력적인 조직 분위기를 저해하고 업무 효율성도 저하될 수 있을 것이다. 이처럼 직장 내에서 구성원 간의 의사소통은 업무 효율과 협력적 분위기, 대인관계에 주요한 영향을 미치는 핵심요소이다(조혜진, 2021).

최근 대한상공회의소가 국내 100대 기업의 인재상을 조사한 결과에서도 직장 내 소통의 중요성을 확인할 수 있다(이남석, 2018.10.05.). 조사결과, 기업이 원하는 인재상 1위에 '소통과 협력'을 갖춘 사람이 올랐다. 이는 5년 전 동일 조사결과와 비교했을 때 '소통과 협력'이 7위에서 6단계 상승해 1위에 올랐다는 점에서 사회적으로 세대 간 커뮤니케이션의 필요성이 높아졌다는 것을 알 수 있다. 이처럼 소통능력은 현대 사회에서 직업인으로서 갖춰야 하는 핵심능력이라 할 수 있다. 소통을 잘하는 사람은 다른 팀원에게 '함께 협력하여 일하고 싶은 사람'이 되기 때문이다.

그렇지만 여전히 소통을 잘하지 못하는 개인이나 조직이 의외로 많다. 구성원 간에 소통에 문제가 있으면 서로 힘들고 함께 일하기 어렵다. 소통이 안 되는 것은 꽉 막힌 고속도로와 같다. 고속도로가 막히면 교통체증으로 문제가 되는 것처럼 개인과 조직도 소통이 원활하지 못하면 결국엔 고립되고 무너지게 된다. 따라서 소통을 위한 노력은 직급이 낮거나 나이가 어린 사람이 먼저 해야 하는 것이 아니며 구성원 모두에게 필요하다.

나는 함께 일하고 싶은 사람이 되고 싶은가, 아니면 '고답이' 또는 '꼰대'가 되고 싶은가? 최근 직장 내에서 직원들은 상사를 '꼰대'로 인식하고, 반대로 상사들은 부하직원을 자기 것만 챙기는 '요즘 젊은 사람들'이라고 치부하는 경향이 있다(이남석, 2018.10.05.). 직장 내에서 누군가와 불통으로 고민하고 있다면 나의 변화가 우선이다. 내가 변해야 상대방도 변할 가능성이 있기 때문이다.

> **"소통능력은 현대 사회에서 직업인으로서 갖춰야 하는 핵심능력이다.**
> **소통을 잘하는 사람은 다른 팀원들에게**
> **'함께 협력하여 일하고 싶은 사람'이 되기 때문이다."**

[신문기사자료]

「기업의 워너비 인재상은? '소통과 협력'에 능한 인재가 1순위」

대한상공회의소가 최근 국내 매출액 상위 100대 기업의 인재상을 분석한 결과 '소통과 협력'이 1위로 꼽혀 눈길을 끌고 있다. 이번 조사는 제조업 43개사와 금융보험업 27개사, 무역운수업 8개사, 건설업 7개사, 도소매업 6개사, 기타서비스업 9개사 등을 대상으로 진행했는데 이 중 인재가 갖춰야 할 역량으로 '소통과 협력'을 꼽은 기업이 63개사로 가장 많았다. 이어서 전문성(56개사), 원칙과 신뢰(49개사), 도전정신(48개사), 주인의식(44개사), 창의성(43개사) 등의 순으로 나타났다.

올해 조사는 5년 전 동일 조사와 비교했을 때 대체적으로 큰 변화를 보였다. 올해 100대 기업 인재상의 새로운 트렌드로 등극한 '소통과 협력'은 5년 전 7위에서 6계단 상승해 1위를 차지했고 '원칙과 신뢰'는 5위에서 3위로 올라섰다. 이처럼 5년 전과 비교해 각 순위가 변화를 보인 이유로는 사회적으로 세대 간 '커뮤니케이션'의 필요성이 증대됐기 때문으로 분석된다.

대한상공회의소 관계자는 "직원은 상사를 꼰대로 인식하고 반대로 상사는 직원을 자기 것만 챙기는 '요즘 애들'로 치부하는 경향이 심해지는 등 기업 내 소통 과정에 심각한 문제가 나타나고 있다."며 "최근 기업들이 직원을 채용하거나 육성하는 데 있어 소통과 협력을 주요 역량으로 꼽는 이유"라고 말했다.(후략)

100대 기업의 인재상 변화

구분	2008년	2013년	2018년
1순위	창의성	도전정신	소통 · 협력
2순위	전문성	주인의식	전문성
3순위	도전정신	전문성	원칙 · 신뢰
4순위	원칙 · 신뢰	창의성	도전정신
5순위	소통 · 협력	원칙 · 신뢰	주인의식
6순위	글로벌역량	열정	창의성
7순위	열정	소통 · 협력	열정
8순위	주인의식	글로벌역량	글로벌역량
9순위	실행력	실행력	실행력

출처: 이남석(2018.10.05.). 기업의 워너비 인재상은?'소통과 협력'에 능한 인재가 1순위. http://www.nexteconomy.co.kr/news/articleView.html?idxno=11737 2020.12.20. 인출

2 효과적인 의사소통기술

효과적인 의사소통기술의 기본은 상대방의 이야기를 경청하고 자신의 의사를 긍정적으로 정확하게 표현하는 것이다. 또한 의사소통의 핵심이 되는 소통의 '내용과 태도', 효과적인 의사소통을 방해하는 요인에 대해서 살펴보면 다음과 같다.

1) 의사소통의 기술

(1) 경청

경청이란 한자로 기울 경(傾), 들을 청(聽)으로 기울여 자세히 듣는 것을 의미하는 것으로 상대방의 이야기를 주의 깊게 듣고, 상대방의 생각, 느낌, 감정들을 공감하는 능력이다. 즉, 듣는 사람이 말하는 사람의 행동이나 말에 주의를 기울여 상대방의 현재 마음 상태나 전달하려는 내용을 정확하게 파악하고 그에 적절한 반응을 보이는 것이라 할 수 있다.

- **박성준(2003)** 경청이란 상대방을 공경하는 마음으로 인격을 존중하면서 정성을 다해 귀를 기울여 듣는 것이다.
- **서유미(2016)** 경청은 다른 사람의 말을 귀 기울여 주의 깊게 듣는 것이다. 그리하여 그 사람의 입장과 감정을 이해하는 것이다.
- **Palmer(2000)** 경청에 의해 사람들은 인정받음을 느끼고, 그 과정에서 존중받는 것을 느끼게 된다.

의사소통에서 경청이 핵심이 되는 이유는 무엇일까? 경청은 의사소통 과정에서 상대방으로부터 신뢰를 쌓을 수 있는 최고의 방법이기 때문이다. 상대가 경청을 하면 본능적으로 안도감을 느끼고 무의식적인 믿음을 갖기 때문에 경청은 의사소통과 인간관계에 긍정적인 영향을 미친다(조혜진, 2021).

경청은 상대방의 언어적 메시지뿐만 아니라 비언어적 메시지까지 포함한다. 즉, 의사소통 과정에서는 상대의 언어적 소리뿐 아니라 상대의 표정, 몸짓, 목소리, 억양 등의 비언어적 표현도 이해하기 위해 귀와 눈, 가슴, 입을 이용해서 적극적으로 경청해야 한다[그림 9].

[그림 9] 경청의 과정(4단계 프로세스)

① **귀와 눈으로 듣는다.** 상대의 언어적 내용뿐 아니라 상대의 표정, 몸짓, 목소리 등의 비언어적 표현도 듣고 감정을 파악한다.

② **가슴으로 듣는다.** 들을 청(聽)에는 하나의 마음(心)이란 뜻이 있다. 상대방의 마음의 소리를 듣고 마음과 의도를 파악한다.

③ **입으로 듣는다.** 적극적 경청을 위한 반응을 표현하다. 상대방의 이야기에 대한 요약, 질문, 재진술 등으로 공감을 표현하다.

적극적 경청은 단순히 상대방의 이야기를 수동적으로 들어 주는 것과 달리 능동적인 의미의 탐색을 의미한다. 적극적 경청의 태도에는 상대가 무엇을 느끼고 있는가를 상대의 입장에서 받아들이는 공감적 이해가 중요하며, 비판적·충고적인 태도를 버리고 상대방이 말하는 단어 이외에 다른 비언어적 표현에도 관심을 가지면서 상대방이 말하는 동안 경청하고 있다는 것을 표현해 주는 것이 필요하다. 적극적 경청을 통해 상대방의 이야기에 깊은 관심과 공감을 표현할 때 상대방은 이해받고 있다는 느낌을 갖게 된다. 이런 점에서 다른 사람의 이야기를 잘 경청한다는 것은 의사소통에서 매우 중요한 기술이다.

(2) 나-메시지(I-message) 화법

나-메시지란 문제가 되는 상대방의 행동이나 태도 때문에 내가 받은 영향, 느낌이나 감정을 상대에게 표현하는 것이다. 상대방이 아닌 나를 주어로 하여 자신의 욕구, 의견, 생각, 느낌 등 자신이 나타내고자 하는 것을 솔직하게 전달하는 것으로, 자신과 상대방의 권리나 느낌 등을 동시에 중요시 여기는 의사소통기술이다(최연자 외, 2008). 나-메시지는 갈등이나 논쟁이 벌어지는 상황에서 무익한 말싸움이 되지 않도록 하면서 상대방에게 나의 생각과 의견을 직접적으로 전달할 수 있는 화법이다.

나-메시지는 세 가지 요소로 구성되는데, 첫째, 상대방의 특정 행동, 태도, 의식에 대해 간결하게 정리하여 비난없이 묘사하고, 둘째, 그러한 상대방의 행동, 태도, 의식으로 인한 나의 감정을 표현하고, 셋째, 상대방의 행동, 태도, 의식의 변화를 요청하는 것이다.

> "나는 ________ 때 ________한 기분이 들어.
> 이렇게 해 주면 좋겠어."

'나-메시지'를 전달할 때에는 부정적인 감정을 너무 강조하지 않는 것이 좋으며, '나-메시지'가 상대방에게 무시될 때는 다시 한번 확고한 메시지를 보내거나 상대방의 입장에 대한 '공감적 경청'도 필요하다. 또한 자신을 기분 나쁘게 하는 것은 상대방이 아니라 상대방의 행동이라는 것을 인식하고, 상대방과 행동을 분리시켜서 행동의 결과와 관련된 느낌을 이야기해 주는 것이 필요하다.

① 상대방의 행동(사실)에 대해 비난 없이 묘사하기

예 너는 왜 항상 그런 식으로 못되게 말하니?(×) → 너는 나에게 이런 말을 했어.

② 상대방의 행동이 나에게 미치는 영향과 나의 감정 표현하기

예 나는 네가 그런 말을 하면 슬프고 마음이 아파.

③ 문제해결을 위해 상대방의 행동, 태도, 의식의 변화를 요청하기

예 이제 아무리 화가 나도 그런 말은 하지 말았으면 좋겠어.

긍정적인 자기표현을 돕는 나-메시지 화법은 상대방을 직접 판단·평가·공격하는 것이 아니기 때문에 상대방을 방어적으로 만들지 않고, 나의 입장과 감정을 솔직하게 전달하여 상호이해가 이루어지며 진지한 대화가 이루어지게 한다. '나-메시지'를 통하여 상대방의 감정을 손상시키지 않고 내가 원하는 메시지를 효율적으로 전달한다면 이해와 신뢰를 바탕으로 원만한 인간관계를 형성할 수 있게 될 것이다.

2) 의사소통의 핵심 '내용과 태도'

의사소통은 화자와 청자들 간에 자신의 의미를 언어적, 비언어적 메시지로 주고받는 과정이다. 효과적인 의사소통을 위해서는 내가 전달하고자 하는 정보, 감정, 사상, 의견 등의 내용을 적절한 어휘로 간결하고 정확하게 표현하고, 상대방이 정확하게 이해했는지 상호 확인해야 한다. 직장 내에서 '말하지 않아도 안다.' '눈치껏' 등은 의사소통에서 위험할 수 있다. 화자는 내 메시지가 '정확히 전달되었는지', 상대방이 '정확히 이해했는지'를 확인해야 하며, 청자도 자신이 이해한 정보가 맞는지 상대방의 메시지를 확인하는 것이 필요하다.

또한 의사소통에서는 내용을 의미하는 언어뿐 아니라 태도를 의미하는 목소리 톤, 표정, 몸짓, 자세 등의 비언어적 신호들도 중요한 단서가 된다. 이는 직장에서 효과적으로 의사소통하기 위해서 의사소통의 '내용'과 '태도'를 함께 다루는 것이 필요하다는 것을 의미한다. 소통에서 같은 말이라도 어떤 태도로, 어떤 분위기에서 주고받는지에 따라 상대에 대한 감정이 달라지기 때문이며, 내가 전달하고자 하는 내용을 긍정적으로 표현하는 것이 중요하기 때문이다.

메라비언의 법칙은 의사소통에서 '태도'의 중요성을 잘 나타내고 있다. 메라비언의 법칙은 대화에서 시각과 청각 이미지가 중요하다는 커뮤니케이션 이론으로, 의사소통할 때 말의 내용만큼 표정과 태도, 목소리도 중요하게 다루어져야 함을 보여 준다. 즉, 말을 잘하는 것뿐 아니라 상대방의 말에 적절히 반응하면서 대화하는 것, 적당한 목소리의 톤과 속도, 자신감 있는 태도로 말하는 것이 얼마나 중요한지 생각하게 한다.

"직장에서 효과적으로 의사소통하기 위해서는 소통의 '내용'과 '태도'를 함께 다루어야 한다. 의사소통에서는 내용을 의미하는 언어만큼 태도를 의미하는 목소리, 표정, 몸짓, 자세 등의 비언어적 신호도 중요한 단서가 되기 때문이다."

메라비언의 법칙

▫ 말의 내용만큼 비언어적 요소도 중요하게 다루어야 한다.

UCLA 심리학과 교수 앨버트 메라비언(Albert Mehrabian)은 1971년 저서 「Silent Messages」에서 인간의 의사소통은 표정과 태도를 포함한 시각에 55%, 청각에 38%, 말의 내용에 7%를 의존한다고 발표했다. 이는 말의 내용과 청각, 시각이 모순된 정보를 동시에 주었을 때 사람들이 어떤 것에 더 영향을 받고 우선하여 감정을 판단하는지 실험한 연구결과에 근거한 것이다. 이는 의사소통에 있어 비언어적 요소도 말의 내용만큼 중요하다는 것을 의미한다.

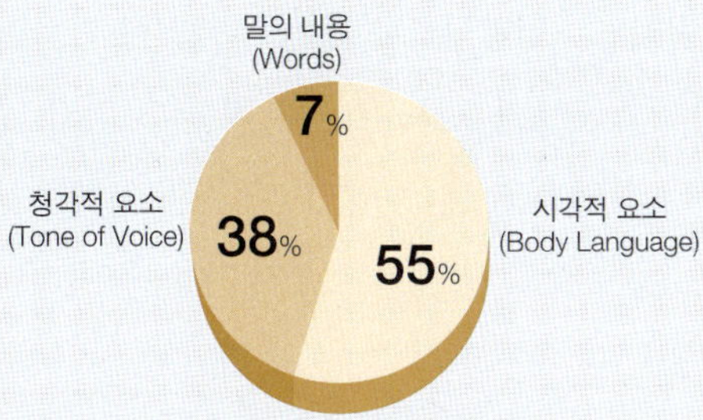

〈의사소통의 구성요소〉

▫ 메라비언의 법칙으로 보는 미국 대통령 후보 TV 토론

- 선거의 판도를 바꾼 미국 대통령 후보의 TV 토론
  - 무엇을 말하는가 하는 내용에 앞서 비언어적 요소(목소리 톤, 속도, 발음의 정확성, 몸짓, 시선, 표정 등)가 대통령 선거의 당락을 결정했다는 것이다.

▶ 메라비언 법칙

https://www.youtube.com/watch?v=-uE8bAcM718

3) 의사소통을 방해하는 요인

효과적인 의사소통을 위해서는 자신이 말하고자 하는 내용을 언어적으로 정확하게 전달하고, 적절한 태도로 비언어적 신호들을 정확하게 읽고 사용하는 것이 중요하다. 아울러 의사소통을 방해하는 요인을 분명히 알고 줄이려는 노력이 필요하다. 그렇다면 직장 내에서 바람직한 의사소통을 방해하는 요인은 무엇인지 살펴보면 다음과 같다.

첫째, '일방적으로 말하고', '일방적으로 듣는' 무책임한 마음이다.

업무와 관련된 의사소통에서 서로가 각자의 메시지가 '정확히 전달되었는지', '정확히 이해했는지'를 확인하지 않고 말한 사람은 '이해했겠지'라고 생각하고, 듣는 사람은 '이런 말이겠지'라고 생각하며 넘어가는 것이다. 상대방이 의사소통의 내용을 제대로 이해했는지 확인하지 않는 무책임한 마음으로 확인할 수 있는 순간을 넘겨 버리게 되면 서로가 공유한 정보가 정확한지 확인하기 어렵고 엇갈린 정보를 가지게 될 수도 있다. 사소한 것이라도 '엇갈린 정보'를 바로잡지 않은 채 의사소통을 하면 업무상 문제가 발생한다. 따라서 직장 내에서 성공적인 의사소통을 위해서는 자신이 가진 정보와 의견을 상대방이 이해하기 쉽게 표현하는 것뿐 아니라 상대방이 어떻게 받아들였지, 정확하게 이해하였는지 소통의 정확성과 수용성을 확인하는 것이 필요하다(국가직무능력표준NCS, 2015).

둘째, 남의 얘기는 잘 안 듣고 자기 얘기만 하는 행동이다.

자기 얘기만을 늘어놓고 상대방의 얘기엔 관심을 두지 않거나 무시하는 경우로 자기주장이 옳다고 생각하기 때문에 쌍방향 소통이 되기 어렵다. 사실 다른 사람의 이야기에 귀를 기울여서 잘 듣는다는 것이 쉬운 일은 아니다. 공자는 "말을 배우는 데는 2년밖에 안 걸리지만, 듣기를 배우는 데는 60년이 걸린다."고 하였다. 유대 속담에는 "말하는 것은 지식의 영역이고, 듣는 것은 지혜의 영역"이라고 하였다. 오죽하면 최근에 자기 생각과 주장만 이야기하는 사람을 빗대서 '꼰대' '라떼는 말이야'라는 신조어가 나왔겠는가? 직장에서 불통의 아이콘이 되지 않기 위해서는 동료 교직원들의 말을 먼저 들으려는 노력이 필요하다.

셋째, 대화 중에 상대방을 질타, 비난하거나 충고하는 행동이다.

상대방을 질타, 비난, 충고하는 소통습관을 가진 사람과는 대화를 이어 가기 어렵다. 이러한 행동은 상사일수록, 연장자일수록, 가까운 사이일수록 더욱 조심해야 할 행동이다. 누구든 절대 선이 아닌 이상 '틀린 것이 아닌 다른 것'으로 이해해야 한다. 게다가 인간의 뇌는 1분 동안 400~500단어를 생각할 수 있는 생각의 속도를 가졌지만, 듣기 속도는 1분당 100단어 정도이기 때문에 4~5배 빠른 생각의 속도는 상대가 말하는 동안 다음에 내가 할 말을 떠올리게 만들고 그 결과 우리는 상대방의 말을 자르고 들어가 상대를 좌절시키는 경우가 많다(류재석, 2008). 따라서 효과적인 의사소통을 위하여 판단, 해석, 충고하려는 충동을 멈추고 상대방의 말을 들으려는 노력이 필요하다.

넷째, 듣되, 건성으로 듣는 태도이다.

귀는 열었는데 경청하지 않는 것이다. 듣는 형식만 갖추고 제대로 관심을 가지고 경청하지 않는 것이다. 의사소통에서는 내용도 중요하지만 태도도 중요하다. 관계의 출발은 진심이 깃든 경청에서 시작된다. 누군가와 대화를 나눌 때 상대방이 나의 이야기에 관심을 갖고, 진지한 자세로 눈을 맞추며 이야기를 들으면서 질문하고 반응해 주는 것을 상상해 보라. 동료, 상사, 학부모를 내 편으로 만드는 것은 경청으로부터 시작될 수 있다.

이상을 정리하면 효과적인 의사소통을 위한 기본적인 자세는 상대방의 언어적, 비언어적 메시지를 경청하는 것이며, 다른 하나는 내가 가진 정보를 상대방이 이해하기 쉽게 표현하고 상대방이 어떻게 받아들였는지 확인하는 것이다. 즉, 직장에서 나는 '다른 사람의 이야기를 주의 깊게 경청하는가, 나-메시지로 긍정적으로 표현하고 상대방이 이해했는지 확인하는가, 신뢰감을 줄 수 있는 목소리와 태도로 말하는가' 등을 수시로 확인하고 개선하려는 노력이 필요하다.

3 성공하는 팀의 의사소통 비결

1) 구글(Google)의 팀 성공 비결

출처: 방윤영(2015.11.24).

세계적인 기업 구글(Google)의 성공 비결은 무엇일까?

구글은 미국 경제전문지 〈포브스(Forbes)〉의 '직원이 뽑은 일하기 좋은 기업 50'에 항상 상위권에 포함되어 있으며, 유능한 인재들이 몰려 있는 세계적인 기업이다. 똑똑한 인재들이 모여 있으니 당연히 좋은 성과가 나오리라 생각하겠지만, 구글은 팀별로 성과의 차이가 나는 것에 의문을 갖고 조직의 성과를 높이기 위한 다양한 연구 프로젝트를 실시하고 있다(임채연, 2017.2.5.). 2015년 구글은 아리스토텔레스 프로젝트를 통해 우수한 성과를 내는 팀의 성공 비결을 아래와 같이 5가지로 제시하였다(Rozovsky, 2015.11.17.).

첫째, 심리적 안전감이다. 심리적 안전감이란 팀 구성원이 두려워하지 않고 자유롭게 의사소통할 수 있는 분위기를 의미한다. 심리적 안전감은 구글의 성공을 이끈 다섯 가지 핵심요소 가운데 가장 중요한 요소이며, 나머지 4개 요소의 기본이 된다고 하였다. 심리적 안전이 전제되지 않으면 개인은 역량을 발휘하지 못하며 팀의 신뢰도 무너지기 때문이다.

둘째, 신뢰성이다. 팀원들이 각자 제시간에 일을 처리하고 서로의 기대를 충족시킬 수 있느냐 하는 것으로, 팀 구성원들이 서로 일을 믿고 맡길 수 있어야 한다는 뜻이다.

셋째, 조직 구조와 투명성이다. 팀 체계가 명확하다는 것으로, 팀의 목표와 팀원 개개의 역할, 실행 계획 등이 뚜렷하게 제시되어 있다는 것을 의미한다. 이런 요소가 불분명하거나 명확히 공유되지 않으면 팀의 효율성이 떨어질 수밖에 없다.

넷째, 일의 의미이다. 팀에서 하고 있는 일이 팀원 개개인에게 의미가 있어야 한다. 또한 팀의 목표는 팀원 개인의 목표와 연결돼야 한다. 팀의 목표와 개인의 목표가 일치하지 않을 경우 개인의 잠재력을 최대한 끌어올릴 만큼 일할 동기를 심어 줄 수 없다.

다섯째, 일의 영향력을 깨닫고 내적 동기를 부여하는 것이다. 자신이 중요한 일을 하고 있다고 믿고, 팀원 스스로 지금 하는 일이 회사와 사회에 중요한 영향력을 발휘한다고 생각하는 것이다.

“구글이 꼽은 팀의 성공 비결,
심리적 안전감은 구성원이 두려워하지 않고
자유롭게 의사소통할 수 있는 분위기를 의미한다.
최고의 팀에서 팀원들은 서로에게 귀 기울이고,
그들이 무엇을 느끼고 원하는지 더 민감하게 반응한다.”

[신문기사자료]

「생산성 수수께끼, 구글은 이렇게 풀었다」

기술은 발전하는데 왜 생산성은 그만큼 늘지 않을까? 세계 경제학자들이 난제로 여기는 '생산성의 수수께끼'이다. 구글은 이 문제에 대한 해답을 사람 간의 관계에서 찾았다.

구글은 수년간 행복한 기업, 일하기 좋은 기업 상위권에 이름을 올렸지만 정작 직원의 생산성은 높아지지 않았다. 2012년 '전체는 부분의 합보다 크다(The whole is greater than the sum of its parts).' 는 아리스토텔레스의 명언을 차용해서 '프로젝트 아리스토텔레스' 를 시작했다. 목적은 그룹 간 생산성 차이를 해결하는 방법을 연구하는 것이었다. 2015년 말 연구결과 발표에서 "생산성을 높이는 데 업무량이나 물리적인 공간은 크게 중요하지 않다." 라며 "중요한 것은 발언권(speak equality)과 사회적 감수성(social sensitivity)" 이라고 말했다. 서로의 주장만 펼치다 불협화음으로 팀이 와해하는 경우 생산성 하락으로 이어진다는 것이다. 성공하는 팀에서는 서로 배려하고 공감대 형성이 매우 잘 이뤄졌다.

프로젝트 아리스토텔레스에 참여한 줄리아 로조브스키 구글 인력분석팀 팀원은 "삶의 대부분을 직장에서 보내는데 가면을 쓰고 살아가면 행복한 삶이라고는 할 수 없을 것" 이라며 "최고의 팀에서 팀원들은 서로에게 귀 기울이고, 그들이 무엇을 느끼고 원하는지 더 민감하게 반응한다." 라고 말했다. 구글은 심리학 전문용어를 인용해 이를 '심리적 안전' 이라고 설명했다. 라즐로 복은 "직원이 직장에서 행복하게 일할 수 있게 도와야 생산성이 극대화된다는 믿음은 변하지 않았다." 라며 "직원들이 함께 일하는 사람들 사이에서 최고의 제품과 아이디어를 낼 수 있도록 가장 생산적이고 끈끈한 팀을 만들 수 있는 방법을 강구하고 있다." 고 말했다.

구글이 밝혀낸 생산성 높은 팀의 5가지 비결 중 가장 중요한 것은 '심리적 안전(Psychological Safety)' 이다. 팀원 상호 간 서로 상처받지 않고 자연스럽게 행동할 수 있느냐, 두려워하지 않고 기꺼이 위험을 감수할 수 있느냐 하는 것을 의미한다. 구글은 이 항목이 나머지 4개의 기본이라고 설명한다. 이것이 전제되지 않으면 개인은 역량을 발휘하지 못하며 팀의 신뢰도 무너진다. 두 번째는 신뢰성(Dependability)이다. 팀 멤버들이 일을 제시간에 해낼 수 있느냐, 구글이 요구하는 높은 수준을 맞추어낼 수 있느냐 하는 것으로, 일을 믿고 맡길 수 있어야 한다는 뜻이다. 세 번째는 조직 구조와 투명성(Structure&Clarity)이다. 팀 멤버 각자의 역할과 계획, 분명한 목표의 필요성을 의미한다. 이런 요소가 불분명하거나 명확히 공유되지 않으면 팀의 효율성이 떨어질 수밖에 없다. 네 번째는 일의 의미(Meaning)이다. 각자가 하고 있는 일이 자신뿐만 아니라 다른 팀원들에게 얼마나 중요한지 알아야 한다. 마지막은 일의 영향력(Impact)을 깨닫고 내적 동기부여를 하는 것이다. 팀원 개인이 지금 하는 일이 회사와 사회에 어떤 영향을 주고 어떤 변화를 가져오는지 알아야 한다.

출처: 임채연(2017.2.5.). 생산성 수수께끼, 구글은 이렇게 풀었다. 중앙일보.

2) 심리적 안전감

심리적 안전감이란 조직 구성원이 두려움 없이 자유롭게 의사소통할 수 있는 분위기를 뜻하는 것으로, 구글이 팀의 성공 비결 중 가장 중요한 요인으로 꼽는 것이다. 심리적 안전감에 대한 학자들의 정의를 살펴보면 다음과 같다.

- **김현정(2020)** 내가 무슨 말을 하더라도 개인적으로 평가받거나, 비난받지 않을 것이라는 믿음이다.
- **Adam(2013)** 응징이나 처벌받을 걱정 없이 위험을 무릅써도 된다는 믿음이다. 사람들은 이러한 분위기에서 더 많이 배우고, 혁신을 이룬다.
- **Asano(2020)** '팀 내에서 구성원이 어떠한 발언이나 행동을 하더라도 비난받거나 불이익을 받지 않을 것이라는 믿음을 바탕으로 형성된 편안한 심리적 상태'를 말한다.
- **Eric(2020)** 대인관계의 위험부담으로부터 안전하다는 팀원들 사이에서 공유된 믿음이며, 사람들이 자신의 모습 그대로를 보여도 편안함을 느끼는 팀의 분위기이다.

그렇다면 심리적인 안전감이 높은 조직은 어떤 모습일까? 심리적 안전감이 높은 조직의 가장 큰 특징은 'Speak-Up'이 자유롭다는 것이다(Edmondson, 2019). 'Speak-Up'이란 구성원들이 솔직하게 자신의 의견을 개진하는 것으로, 다음과 같이 정리할 수 있다. 첫째, 업무 관행과 프로세스 개선을 위한 창의적이고 건설적인 아이디어를 제안하는 것이고, 둘째는 조직에 부정적인 영향을 끼칠 수 있는 관행, 사건, 행동에 대해 직급 구분 없이 자신의 소신을 말할 수 있는 것이다. 이와 같이 조직 내에서 실수를 하거나 질문을 할 때, 소수의 의견이나 반대 의견을 냈을 때도 구성원이 심리적으로 편안함을 느낄 수 있는 문화가 정착되어야 조직이 성장할 수 있다.

반면에 심리적 안전감이 낮은 조직은 어떤 모습일까? 심리적 안전감이 낮은 조직은 직장 내 침묵이 만연하게 된다. 누구나 한 번쯤 직장에서 일을 하면서 정말 궁금했지만 선뜻 물어보지 못한 경험이 있을 것이다. 또한 자신의 생각을 밝히고 싶었지만 여러 가지 이유로 입을 꾹 다문 경험도 있을 것이다. 이와 같이 심리적 안전감이 낮은 조직에서는 현상을 유지하는 데 머물거나, 리더의 과거 경험에 의한 편향된 의사결정을 하거나 다양한 의견과 창의적인 아이디어를 반영하기가 어렵다.

심리적 안전감이 낮은 조직에서는 문제 제기만 되었더라도 얼마든지 막을 수 있는 작은 사건, 사고들이 침묵 속에서 결국 큰 사고로 이어지기도 한다. 일례로 '의료진의 팀워크와 의료과실 발생률의 상관관계'를 연구한 결과(Edmondson, 2019)를 보면, 놀랍게도 팀워크와 의료과실 발생률과는 비례 관계가 있는 것으로 나타났다. 팀워크가 좋은 팀일수록 의료과실이 높게 나타난 이유는 무엇일까? 팀워크가 좋은 팀이 상대적으로 실수도 적게 할 것이라고 생각할 수 있지만 팀워크가 좋은 팀은 분위기가 개방적이어서 팀워크가 낮은 팀보다 실수를 숨기기보다 상대적으로 실수를 보고하는 비율이 높았고, 실수에 대해서도 거리낌 없이 토론하며 방지할 방법에 대해서도 논의했기 때문이라고 보고하였다. 이는 결국 큰 사고를 미연에 방지하는 효과로 이어져 결정적인 실수는 적게 나타났다고 보고하였다.

이와 같이 심리적 안전감은 구성원이 자신의 안위를 보호하는 데 급급하지 않고 상호신뢰와 존중으로 팀의 공동목표를 달성하는 것에 온 힘을 쏟도록 이끄는 동력이 된다. 반면 자신의 안전을 위한 침묵은 조직의 혁신, 성장, 성과, 팀워크에 부정적인 영향을 줄 수 있다.

> **"심리적 안전감이 낮은 조직에서는 직장 내 침묵이 만연하게 된다.**
> **때문에 문제제기만 되었다면 막을 수 있는**
> **작은 사고들이 침묵 속에서 큰 사고로 이어지기도 한다."**

3) 심리적 안전감을 방해하는 불안요인과 해소방법

대부분의 사람은 팀 내에서 '똑똑하고, 능력 있고, 도움이 되는 사람'으로 보여지길 원한다. 팀 내에서 새로운 아이디어나 반대 의견을 제시할 때 인간관계를 해칠 수 있다는 두려움 때문에 나의 이미지 관리를 위해서 아래의 사례처럼 행동한 적이 있는가?

- 교사회의 때 주임선생님이 최근 교육부 정책에 대해 이야기하는데 다들 아는 것 같고 나만 모르는 것 같아 질문하지 않는다.
- 학부모가 우리 반 학급운영에 대해 계속 불만을 이야기하시는데 동료 교사나 원장님과 의논하지 않는다.
- 나는 부모참여수업에 대한 더 좋은 아이디어가 있지만 이미 진행되고 있어서 말하지 않는다.
- 원장님이 교육청(구청) 경진대회의 아이디어를 내셨는데 별로였지만 반대 의견을 내지 않는다.

이러한 태도는 '심리적 안전감'의 부재에서 오는 것이라 할 수 있다. 그렇다면 심리적 안전감을 무너뜨리는 불안요인은 무엇이며, 이를 해소할 수 있는 방법은 무엇인지 살펴보면 다음과 같다(Asano, 2020).

첫째, 자신이 무지하다고 여겨질지도 모른다는 불안이다. 이를 해소하기 위해서는 '솔직하게 질문할 기회'를 제공할 필요가 있다. 그것도 모르냐는 핀잔을 주기보다는 어떤 질문을 하더라도 괜찮다는 메시지를 적극적으로 전달하고, 질문하는 것 자체가 중요한 일이라는 분위기를 조성하는 것이 필요하다.

둘째, 자신이 무능하다고 여겨질지도 모른다는 불안이다. 이를 해소하기 위해서는 '실수를 공유할 기회'를 제공할 필요가 있다. 상사나 동료 교사들의 평가를 의식하여 자신의 실수나 어려움을 공개하기 어려울 수 있으므로 더 큰 사고나 문제를 미연에 방지할 수 있도록 개방적인 분위기 조성이 무엇보다 필요하다. 다른 사람들의 실수를 공유하며 함께 배우고 성장해 가는 기회를 제공함으로써 무엇이든 도전해 볼 수 있는 분위기를 자연스럽게 조성하는 것이 필요하다.

셋째, 자신이 업무에 차질을 빚는 방해물로 여겨질지도 모른다는 불안이다. 이를 해소하기 위해서는 '발언을 촉진할 기회'를 제공할 필요가 있다. 팀의 논의를 차단해 버릴지도 모른다는 생각에 자신의 머릿속의 아이디어를 공유하지 않는 경우가 있을 수 있다. 그러나 가끔 논의가 중단되더라도 의견을 내는 것 자체를 바람직하게 받아들이는 분위기를 조성하여 편안하게 발언을 촉진할 수 있는 기회를 마련하는 것이 좋다.

넷째, 자신이 비판적이라고 여겨질지도 모른다는 불안이다. 이를 해소하기 위해서는 '반대 의견을 제시할 기회'를 제공할 필요가 있다. 기존의 의견에 대해 반대 의견을 말할 기회를 마련하고 남들과 다른 의견을 말해도 괜찮다는 풍토를 조성해야 한다. 이 때 자유롭게 의견을 이야기하라고 말해 놓고 '그건 절대 아니야'라는 식으로 다른 사람의 의견을 부정해서는 안 된다.

Edmondson(2019)은 침묵이 조직의 성과를 갉아먹는다고 하였다. 팀 구성원들에게 솔직하게 질문할 기회, 실수를 공유할 기회, 발언을 촉진할 기회, 반대 의견을 말할 기회 등을 적극적으로 제공해 보자. 개인적인 인간관계에서는 누군가를 위해 적당히 둘러댄 선의의 하얀 거짓말을 하기도 하지만 직장에서는 문제를 꼭 제기해야 하는 순간에 목소리를 내지 못하면 그 문제를 수면 위로 드러낼 수 없게 된다. 따라서 조직 내에서 침묵하지 않고 자유롭게 소통하기 위해서는 무엇보다 구성원의 문제 제기를 존중하고 비난 없이 보고, 의견 제시를 할 수 있는 심리적으로 안전한 근무환경 조성, 개방적인 의사소통 분위기를 조성하는 것이 필요하다.

> **"침묵이 조직의 성과를 갉아먹는다.**
> **소통을 위해서 팀 구성원들에게 솔직하게 질문할 기회,**
> **실수를 공유할 기회, 발언을 촉진할 기회, 반대 의견을 말할 기회를**
> **제공할 필요가 있다."**

활동 우리 기관(조직)의 심리적 안전감은?

■ 우리 조직은 구성원들이 솔직하게 자신의 의견을 말할 수 있는 분위기인가요? 우리 조직의 심리적 안전감을 자가진단해 보세요.

[심리적 안전감 체크리스트]

평가항목	체크
1. 실수했을 때 종종 비난받지 않는다.	☐
2. 크고 작은 문제를 수면 위로 드러내 적극적으로 해결책을 찾는다.	☐
3. 상대방의 다른 의견을 얼마든지 수용할 수 있다.	☐
4. 심리적으로 안정된 상태에서 위험을 감수할 수 있다.	☐
5. 동료에게 도움을 요청하는 게 어렵지 않다.	☐
6. 누군가의 노력에 일부러 흠집 내려는 동료는 아무도 없다.	☐
7. 동료와 함께 일을 하면 나만의 고유한 기술과 역량이 가치를 인정받고 충분히 활용된다.	☐

출처: Edmondson, A. (2019). 두려움 없는 조직. (최윤영 역). 경기도: 다산북스. p.252.

4 직장 내 소통 분위기와 조직의 의사소통 수준

직장생활에서 의사소통은 조직 안에서의 공식적인 의사소통을 의미하며, 의사소통은 조직과 팀의 효율성과 효과성을 성취할 목적으로 이루어지는 구성원 간의 정보와 지식의 전달과정이다(국가직무능력표준NCS, 2015). 효과적이고 원활한 의사소통은 조직과 팀의 핵심적인 요소이며 조직의 생산성과 구성원의 사기를 높이고 정보를 공유하는 중요한 기능을 한다.

직장 내에서 동료나 후배 교사, 원장 사이에 업무상 의사소통이 잘 이루어진다면 서로에 대한 선입견이나 지각의 차이를 좁힐 수 있으며 팀워크와 사기가 높아져서 업무 능률이 향상될 것이다. 반면에 직장 내에서 의사소통이 원활하게 이루어지지 않는다면 사소한 의견 차이가 갈등과 불화로 이어져 협력적인 조직 분위기를 저해하고 업무 효율성도 저하될 수 있다. 이와 같이 직장 내에서 구성원 간의 의사소통은 업무 효율성과 협력적 분위기, 대인관계에 중요한 영향을 미치는 핵심요소이다.

그렇다면 우리 조직의 의사소통 분위기는 어떠한지, 의사소통 수준은 어떠한지 아래 〈생각나누기〉 활동을 통해 진단하고 개선방안에 대해 생각해 보자. 또한 직장에서 나는 구성원들과 어떤 수준의 의사소통을 하고 있는가? 모든 사람과 의사소통의 수준이 높을 필요는 없지만 자신이 맡고 있는 역할과 업무를 고려할 때 의사소통의 수준을 개선해야 할 사람이 있는지 점검해 볼 필요가 있다. 즉, 직급에 따라 원장, 원감, 주임교사라면 조직 내 구성원들과 의사소통의 수준은 어떠해야 하는지, 만약 팀티칭 학급의 교사라면 같은 반 동료 교사와 의사소통의 수준은 어떠해야 하는지 등을 점검하고 개선할 필요가 있다.

생각나누기

우리 기관(조직)의 의사소통 수준은?

우리 기관(조직)의 의사소통 분위기와 수준은 어떠한가요? 우측의 조직내 의사소통 수준 평가표를 사용해서 진단해보고 조직 내 의사소통 과정에 개선할 점이 있다면 이를 위해 필요한 노력이나 방안에 대해 의견을 나누어 보세요.

※ 진단결과

하위변인	내용	문항번호*	점수 합	평균점수
정확성	– 정보의 명료성 – 의사소통 내용의 이해 – 정보 전달의 일관성	1–5		(점수합/5)
수용성	– 교직원 의견의 수용도 – 업무 추진의 이해도 – 동료 교사와의 의견 수용도	6–9		(점수합/4)
개방성	– 개방적인 분위기 – 동료 교사와의 의사소통 – 민주적인 의사소통 – 비공적 조직 의사소통의 활성화	10–14		(점수합/5)
방향성	– 수직적 정보 제공 – 상향적 의사소통의 접근도 – 수평적 의사소통의 활성화 – 상향적 의사소통의 정도	15–20		(점수합/6)
신속성	– 정보 전달의 신속성 – 매체의 활용도 – 문제의 전달 속도	21–24		(점수합/4)

* **역산정 문항 4, 5, 16, 22**(5점 → 1점, 4점 → 2점으로 합산함)

※ 진단해석

하위변인별 평균점수를 산출하여 각 개인이 획득한 변인별 평균점수 결과가 5점에 가까울수록 조직 내 의사소통 수준이 높은 것으로 해석합니다.

- 우리 조직의 의사소통 수준을 진단하고 의사소통의 정확성, 수용성, 개방성, 방향성, 신속성이 어떠한지 이야기 나눠 보세요.

- 우리 기관(조직)의 의사소통 과정이나 분위기에서 개선할 점이 있다면 무엇인가요? 조직의 의사소통 개선을 위해 어떠한 노력이나 방법이 필요할까요?

[유치원(어린이집) 조직 내 의사소통 수준 평가표]

평가항목	전혀 그렇지 않다	그렇지 않다	보통이다	그렇다	매우 그렇다
1. 나는 유치원(어린이집) 내의 정보를 정확하게 전달받고 있다.	1	2	3	4	5
2. 원장(주임교사)은 교사들에게 정보 내용을 이해하기 쉽게 전달한다.	1	2	3	4	5
3. 원장(주임교사)은 업무내용을 번복하지 않고 일관성 있게 전달한다.	1	2	3	4	5
4. 나는 유치원(어린이집)에서 얻은 정보를 정확하게 이해하지는 못하는 편이다.	1	2	3	4	5
5. 교사들의 문제가 종종 원장님에게 왜곡되어 보고되는 경우를 경험하고 있다.	1	2	3	4	5
6. 나는 원장님이 교사들의 의견을 기꺼이 수용하여 유치원(어린이집) 운영에 반영하는 것을 경험하고 있다.	1	2	3	4	5
7. 나는 동료 교사들의 의견을 긍정적으로 받아들이고 있다.	1	2	3	4	5
8. 나는 원장님의 새로운 업무 추진의 필요성이나 욕구를 이해하고 있다.	1	2	3	4	5
9. 나는 원장님이 교사들의 업무나 복지 등에 관한 애로사항을 수용하여 개선하는 것을 경험하고 있다.	1	2	3	4	5
10. 나는 유치원(어린이집)의 문제를 우리 유치원(어린이집)의 어느 교사하고든 터놓고 상의한다.	1	2	3	4	5
11. 교사들은 서로에게 조언을 잘 해준다.	1	2	3	4	5
12. 공식-비공식 조직을 통한 의사소통이 활발하게 이루어지고 있다.	1	2	3	4	5
13. 유치원(어린이집)의 주요사항에 대한 의사결정은 교사들의 의견을 통해 이루어진다.	1	2	3	4	5
14. 동료 교사들과 서로 허심탄회하게 이야기하는 분위기가 조성되어 있다.	1	2	3	4	5
15. 원장님과 언제든지 접촉하기 쉽다.	1	2	3	4	5
16. 원장님의 지시가 일방적인 경향이 있다고 생각한다.	1	2	3	4	5
17. 우리 유치원(어린이집)은 의사소통의 경로가 정확하며 충분한 토의가 이루어지고 있다.	1	2	3	4	5
18. 업무처리를 할 때 동료 교사가 같은 연령의 교사들과 상호의견을 교환한다.	1	2	3	4	5
19. 나는 유치원(어린이집) 업무 추진에 대해 새로운 아이디어를 제안하는 편이다.	1	2	3	4	5
20. 나는 건의사항이 있으면 즉시 담당자나 원장님께 전달한다.	1	2	3	4	5
21. 교사 상호 간 메신저 등 전자매체를 통한 의사소통이 잘 이루어진다.	1	2	3	4	5
22. 아무리 급한 업무 관련 정보라도 정해진 절차를 거쳐야만 전달받을 수 있다.	1	2	3	4	5
23. 원장님으로부터 필요한 업무 전달이 있을 때마다 신속하게 전달받고 있다.	1	2	3	4	5
24. 교사 상호 간 업무나 교육활동에 관한 정보를 수시로 전달하거나 게시하여 알려 주고 있다.	1	2	3	4	5

출처: 이진희(2015). 어린이집 조직 내 의사소통 수준이 조직 효과성에 미치는 영향. 신라대학교 교육대학원 석사학위논문.

생각실천하기

나의 의사소통 수준은?(직장 내 관계도 그리기)

어린이집(유치원)의 교직원 가운데 3~4명을 선택하여 이름을 적고, 나를 둘러싼 원 내 교직원과의 관계도를 〈보기〉의 소통 수준과 방향을 참고하여 그려 보세요. 자신의 역할과 맡은 업무를 고려할 때 의사소통 수준을 개선해야 할 점이 있다면 무엇인지 생각해 보고 일상에서 실천해 봅시다.

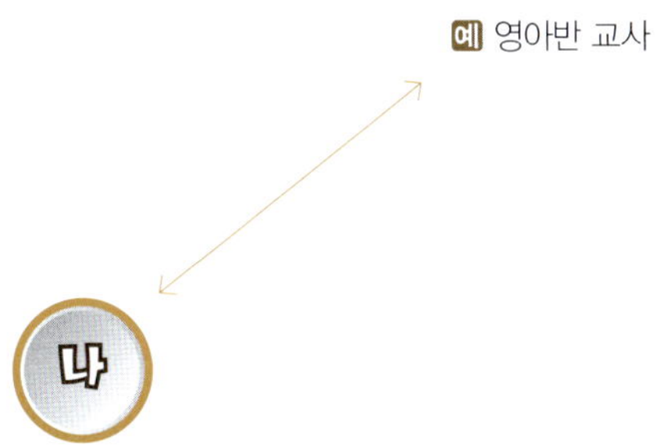

〈보기〉

소통 수준		소통 방향	
• 감정 공유가 가능한 신뢰로운 수준		• 양방향	
• 일상적 대화가 가능한 수준		• 한방향	
• 일상적 대화가 부족하거나 간헐적 수준			
• 대화가 없거나 갈등 수준		• 방향 없음	

참고문헌

국가직무능력표준(NCS)(2015). 직업기초능력 프로그램: 의사소통능력. 한국산업인력공단. http://www.ncs.go.kr/ 에서 2015년 5월 27일 인출.

김현정(2020). **최고의 팀을 만드는 심리적 안전감**. 서울: 더블북.

두산백과사전(2021). 두피디아. www.doopedia.co.kr에서 2021년 10월 18일 인출.

류재석(2008). **멘토링 활동 핸드북**. 경기: 한국학술정보.

박성준(2003). 자신의 전 존재가 귀가 되게 하라 – 경청 그 아름다움에 대하여. **대안-새로운 지평을 연다**. 서울: 이채.

서유미(2016). 초등 저학년생의 공감 능력 향상을 위한 드라마 프로그램 개발 연구: 경청교육을 중심으로. 서울교육대학교 교육전문대학원 석사학위논문.

이남석(2018.10.05.). **기업의 워너비 인재상은?'소통과 협력'에 능한 인재가 1순위**. http://www.nexteconomy.co.kr/news/articleView.html?idxno=11737.에서 인출.

임혜경, 김송이, 이금진, 이현(2014). **인간관계론**. 경기도: 양서원.

조벽(2016). **인성이 실력이다**. 서울: 해냄출판사.

조혜진(2021). **유아교사의 정서역량 2판**. 서울: 창지사.

조혜진, 최내리(2019). 유아교육기관 개인 및 조직 차원 정서역량의 규명 및 상대적 중요도 분석. **열린유아교육연구, 24**(2), 211-236.

최연자, 이경완, 정춘화(2008). 나 전달법과 자기노출훈련이 여대생의 자기효능감과 스트레스 대처방식에 미치는 효과. **정신간호학회지. 17**(4), 461-470.

표준국어대사전(2021). 국립국어원 표준국어대사전. https://stdict.korean.go.kr에서 인출

Adam, M. G.(2013). **Give and Take**. (윤태준 역). 서울: 생각연구소. (원저 2013년 출판)

Asano, K.(2020). **The TEAM. 성과를 내는 팀에는 법칙이 있다**.(이용택 역). 경기도: 리더스북. (원저 2019년 출판).

Edmondson, A.(2019). **두려움 없는 조직**. (최윤영 역). 경기도: 다산북스. (원저 2019년 출판).

Eric, S.(2020). **빌 캠벨, 실리콘밸리의 위대한 코치**. (김민주 역). 경기도: 김영사. (원저 2019년 출판).

Palmer, P.(2000). **가르칠 수 있는 용기**. 이종인 역(2000). 서울: 한문화. (원저 2007년 출판).

Rozovsky, J.(2015.11.17). The Five Keys to a Successful Google Team. Google re:work. https://rework.withgoogle.com/blog/five-keys-to-a-successful-google-team/?msclkid=5a6d7aa4c82811ec866f87e715590cb6 에서 인출.

기사 및 동영상

김응교TV(2020.10.19.). 메라비언 법칙(The Law of Mehrabian). https://www.youtube.com/watch?v=-uE8bAcM718에서 인출.

방윤영(2015.11.24.). 구글이 말하는 '성공적인 팀' 특징 5가지는 무엇?. 머니투데이. https://news.mt.co.kr/mtview.php?no=2015112309062219286. 에서 인출.

임채연(2017.2.5.). 생산성 수수께끼, 구글은 이렇게 풀었다. 중앙일보. https://news.joins.com/article/21212332 에서 인출.

CHAPTER

04

팀의 갈등 관리

••• 학습목표

- 팀원 또는 팀 간의 갈등상황에서 상대방의 관점과 정서를 이해하고 효과적으로 갈등을 관리하는 능력을 기른다.
- 유아교육기관 인간관계의 특성을 이해하고 다양성을 존중한다.
- 직장 내 세대별 특징과 갈등을 이해하고 세대 간 공존을 위한 방법을 모색한다.

모든 인간관계에는 갈등이 존재한다. 대부분의 사람은 친구, 가족, 동료 교사, 학부모들과 크고 작은 갈등을 경험한 적이 있을 것이다. 왜 그럴까? 서로 다른 관점, 생각, 가치관의 차이로 인해 사람들 간에 갈등이 생길 수밖에 없다. 또한 직장에서는 책임과 권한의 영역이 분명하지 않아서, 역할에 대한 기대 차이로, 상대방과 의사소통이 제대로 이루어지지 않아서 등의 다양한 이유로 인간관계에서 갈등이 일어난다.

갈등은 처음부터 발생하지 않으면 가장 좋지만 일단 갈등이 생기고 나면 잘 해결하는 지혜와 전략이 필요하다. 갈등은 완전한 해결이 아니라 상대방과 이해를 조율하면서 갈등을 관리하는 것이다. 갈등은 본래부터 좋거나 나쁜 것이 아니며, 갈등의 결과가 항상 부정적인 것도 아니다. 중요한 것은 갈등을 어떻게 관리하느냐 하는 것이다. 특히 유아교육기관은 다양한 배경을 가진 사람들로 구성되어 있고 소집단 속에서 공동 작업이 많다는 독특한 특성을 가지고 있기 때문에 교직원의 다양성을 존중하고 세대 간 공존을 위한 갈등 관리 방법을 찾고 적용하는 것이 필요하다.

운영Tip

팀의 갈등 관리에서는 조직 내 인간관계에서 갈등은 불가피하며 개인 또는 팀 간의 의견 차이와 갈등을 최소화하기 위해 서로의 관점과 입장을 생각해 보고 표현하는 방법을 알고 연습할 수 있도록 프로그램을 운영한다. 또한 직장 내 세대별 특징 및 세대 간 갈등을 이해하고 세대 간 공존을 위한 방법을 탐색하고 적용한다.

- 〈생각열기〉를 위한 물음을 중심으로 구성원들이 직장에서 경험했던 갈등 사례와 어려움에 대해서 이야기 나누면서 직장 내 갈등 관리에 관심을 가진다.
- 〈생각채우기〉에서는 갈등의 기본개념과 원인, 유아교육기관 인간관계의 특성과 갈등 관리 방법을 이해하기 위해 사례토의와 동영상 시청을 하면서 주요 내용을 학습한다. 또한 직장 내 윗세대와 아랫세대 간의 인식 차이와 세대 간 갈등을 이해하고 세대 공존을 위한 원칙을 사례별 토의와 활동을 하면서 찾아본다.
- 〈생각나누기〉에서는 역지사지 활동을 통해 팀이나 조직맥락에서 구성원들 간에 발생할 수 있는 갈등사례를 기초로 반영적 경청과 나-메시지의 의사소통기술을 연습하고 동료들의 생각이나 정서를 공유하면서 피드백을 교환한다.
- 〈생각실천하기〉에서는 우리 기관의 윗세대와 아랫세대가 다 함께 행복할 수 있는 조직문화를 만들기 위해서 필요한 세대 공존을 위한 원칙을 만들어 보고, 직무수행 과정에서 구성원들과 실천해 보고 변화를 공유한다.

생각열기

〈생각열기〉를 위한 물음들을 중심으로 교직원들이 어린이집(유치원)에서 경험했던 갈등사례들을 이야기 나누면서 갈등상황에서 경험한 어려움에 대해 관심을 갖는다. 동료 또는 선후배 교사, 학부모들과의 크고 작은 갈등은 무엇이었는지 갈등사례를 공유하면서, 그 과정에서 경험했던 감정, 고민들에 대해 공감하고 편안하게 이야기할 수 있는 분위기를 조성한다.

〈생각열기〉를 위한 물음

- 직장 내 인간관계에서 갈등을 겸험한 적이 있나요?
- 어떤 문제로 갈등을 경험했나요?
- 만약 갈등 해결이 어려웠다면 그 이유는 무엇인가요?

1 갈등의 이해

1) 갈등의 개념

갈등(conflict)의 어원은 라틴어 'configere(콘피게레)'인데, 이것은 '함께'라는 의미의 'con'과 충돌이나 다툼을 의미하는 'figere'가 합쳐진 합성어이다. 즉, 갈등이란 개인이나 집단 간에 서로 충돌한다는 뜻을 가지고 있다. 갈등은 조직을 구성하는 개인과 집단, 조직 간에 잠재적 또는 현재적으로 대립하고 마찰하는 사회적·심리적 상태를 말한다(국가직무능력표준NCS, 2015). 또한 갈등은 집단 혹은 조직 같은 사회적 실체의 내부 혹은 그들 사이에서 일어나는 불일치, 모순, 의견차이, 불화에서 나타나는 상호작용의 상태를 의미한다(Rahim, 1985).

집단은 사람과 사람 사이의 관계로 이루어져 있고 모든 인간관계에는 갈등이 존재한다(조벽, 2016). 부부갈등, 동료갈등, 노사갈등, 여야갈등, 남북갈등 등 모든 관계에는 갈등이 존재한다. 서로 다른 관점, 생각, 가치관의 차이로 사람들 간에 갈등이 생길 수밖에 없다. 결국 개인이나 집단 간에 갈등이나 의견 불일치는 불가피하므로, 갈등이 생겼을 때 상대방과 의견을 조율하면서 갈등을 관리하는 것이 필요하다. 또한 갈등은 본래부터 좋거나 나쁜 것이 아니며, 갈등의 결과가 항상 부정적인 것도 아니라는 점을 인식하는 것이 필요하다. 그러나 갈등이 해결되지 않고 방치된다면 개인 간의 신뢰나 팀의 발전을 저해할 수 있다. 반면에 잘 관리한다면 다양한 이해를 중심으로 더 많은 배움을 얻게 되어 개인적으로 성장할 수 있으며, 창의적인 문제해결을 이끌어 낼 수 있다. 중요한 것은 '어떻게 갈등을 관리하느냐' 하는 것이다.

> "모든 인간관계에는 갈등이 존재한다.
> 서로 다른 관점, 생각, 가치관의 차이로 사람들 간에 갈등이 생길 수밖에 없다.
> 중요한 것은 '어떻게 갈등을 관리하느냐' 하는 것이다."

2) 갈등의 원인

Feldman과 Mulle(2007)는 인간관계에서 일어나는 갈등은 스타일의 차이, 인식의 차이, 역할기대의 차이로 생긴다고 하였다. 효과적으로 갈등을 관리하기 위해서는 갈등이 무엇에 의한 것인지 갈등의 원인을 이해하는 것이 필요하다. 본 장에서는 일반적인 갈등의 원인으로 지각의 오류로 인한 갈등, 역할기대의 차이로 인한 갈등에 대해 살펴보겠다.

(1) 지각의 오류로 인한 갈등

지각이란 감각기관의 자극으로 생겨나는 외적 사물의 전체 상(像)에 관한 인식으로, 외적 현상을 어떻게 이해하고 받아들이며 해석하는가와 관련된 문제이다(조혜진, 2021). 아래 활동 '두 개의 또 다른 그림'이나 '장님 코끼리 만지기' 우화를 보면, 우리는 어떤 현상에 대해 이해할 때 자신의 과거 경험이나 생각, 감정 등에 기초하여 지각한다는 것을 알 수 있다. 즉, 사람이 받아들이고 믿는 것은 자신이 지각한 내용에 따라 달라지며, 인간의 지각은 기본적으로 자기중심적임을 알 수 있다.

또한 지각은 일반적으로 선택, 조직, 해석의 과정을 거치면서 이루어지는데, 내가 어떤 정보를 선택하고, 어떻게 조직하고 해석하느냐에 따라 지각한 내용이 달라진다. 이때 자신이 지각한 대로 믿고 받아들이기 때문에 다른 사람과 생각의 차이가 생길 수 있다. 그렇다면 나의 지각은 정확한가? 이러한 지각의 차이로 인간관계에서 사람들 간에 갈등이나 의견의 불일치가 일어나는 것은 아닐까? 인간관계에서 지각과 반응의 과정은 상호밀접하게 관련되어 있기 때문에(임혜경 외, 2014) 이러한 지각의 차이나 부정확한 지각이 인간관계에서 갈등을 일으키는 원인이 되기도 한다.

활동 지각의 자기중심성: 두 개의 또 다른 그림

■ 그림에 담겨 있는 두 개의 또 다른 그림을 찾아보며 같은 그림을 보고 다른 생각을 할 수 있는 지각의 오류와 차이에 대해 이야기 나눠 보세요.

출처: (좌)Fliegende Blätter(1892). Kaninchen und Ente(토끼와 오리).
(우)Robert Fischer(1998). Ein neuer Tag(어 뉴 데이). Berliner Morgenpost.

- 무엇이 보이나요? 오리인가요 아니면 토끼인가요?
- 강가에 연인이 보이나요? 아니면 아기가 보이나요?
- 하나의 그림인데 왜 전혀 다른 동물과 사람으로 보이는 것일까요?

활동 지각의 부정확성

■ Youtube 동영상자료를 보고 난 후 '선별적 집중'의 사례(벌의 움직임, 고릴라 실험, 마술사 실험)를 보면서 인간의 지각 과정에서 갖게 되는 지각의 오류와 지각의 부정확성에 대해 어떻게 느꼈는지 이야기 나눠 보세요.

- YTN사이언스 '만성피로를 부르는 뇌피로를 풀어야 인생이 풀린다' 선별적 집중 동영상 https://youtu.be/QuWE87zlf44?t=2433

■ 인간관계에서 지각의 의미는 무엇일까요? 지각의 부정확성을 개선하기 위해 노력해 본 적이 있는지 구성원들과 이야기 나눠 보세요.

- 가족모임이나 교직원 회의, 부모 간담회에 대한 이야기를 나누다가 같은 자리에 있었던 사람들인데도 서로 다른 기억을 가지고 있어서 당황하거나 놀랐던 경험이 있었나요? 이러한 지각의 오류나 지각의 부정확성 때문에 인간관계에서 갈등과 다툼이 일어나는 것은 아닌지 생각해 보세요.

(2) 역할기대 차이로 인한 갈등

일반적으로 직장에서 역할갈등은 역할 담당자가 역할기대를 지각하고 수행하는 과정에서 발생하게 된다. 역할 담당자에게 요구되는 역할기대와 역할 담당자가 지각하는 역할기대는 다를 수 있으며, 이러한 외부적 역할기대와 주관적으로 지각하는 역할기대 사이의 차이로 역할갈등이 발생한다. 또한 역할갈등은 역할을 수행하는 과정에서 조직에 있는 구성원들의 역할기대가 서로 상충되거나 역할이 모호한 상태에서 다양한 역할을 동시에 수행해야 하는 상황에서 실제 역할수행이 역할기대와 일치하지 않을 때 일어나게 된다(송정애, 장정순, 2008).

갈등 관리를 위해서는 역할갈등의 원인과 쟁점을 탐색해야 한다. 역할갈등은 주로 핵심적인 문제나 감정적인 문제로부터 유발되며, 두 가지 쟁점들은 서로 교차한다〈표 5〉. 주된 갈등이 어떤 일을 하는 방법에 기인한 것이라고 할지라도 자존심을 위협하거나 분노 유발과 같은 감정적인 문제들이 갈등의 강도를 높일 수 있다. 갈등에 원인이 된 핵심적인 역할갈등의 문제들(예: 업무과제에 대한 역할 모호성)은 대부분 갈등의 밑바닥에 깔려 있는 반면에, 감정적인 문제들은 갈등을 복잡하게 만든다(국가직무능력표준NCS, 2015).

〈표 5〉 역할갈등의 두 가지 쟁점

핵심 문제	감정 문제
• 역할 모호성 • 방법에 대한 불일치 • 목표에 대한 불일치 • 절차에 대한 불일치 • 책임에 대한 불일치 • 가치에 대한 불일치 • 사실에 대한 불일치	• 공존할 수 없는 개인적 스타일 • 통제나 권력 확보를 위한 싸움 • 자존심에 대한 위협 • 질투 • 분노

출처: 국가직무능력표준NCS(2015).

역할갈등의 해결을 위해서는 먼저 핵심적인 문제부터 해결해야 한다. 갈등의 주된 핵심 문제는 사람들 간에 목표나 가치, 절차나 방법 또는 일에 대한 책임이 일치하지 못할 때 등이며, 부정적 정서가 개입되면서 갈등이 심화된다. 이러한 갈등을 해결하기 위해서는 감정 문제를 다루기에 앞서 부정적 감정을 발생하게 만든 핵심 문제에 초점을 맞추는 것이 필요하다. 이후 정서적 갈등 해결은 공감적 대화하기를 통해 자신의 감정과 요구를 나-메시지로 표현하여 협력을 이끌어 낼 수 있으며, 이러한 내용은 교직원과 효과적으로 갈등 관리하기 부분에 제시되어 있다.

2 유아교육기관 인간관계의 특성과 갈등 관리

유아교사들은 기관에서 위로는 원장이나 원감과 수직적인 관계를 맺고, 동료 교사들과는 수평적인 관계를 맺으며 사무원, 취사원, 영양사, 간호사 등과는 주변적인 관계를 맺는다. 이처럼 유아교육기관은 다양한 배경을 가진 사람들로 구성되어 있고 소집단으로 공동 작업을 하는 경우가 많기 때문에 다양한 생각과 관점 차이로 인한 갈등이나 역할기대 차이로 인한 갈등이 항시 존재한다. 유아교육기관의 인간관계의 특성과 갈등은 무엇인지 살펴보고, 이에 대한 효과적인 갈등 관리 방법에 대해 정리해 보면 다음과 같다(박은혜, 2013; 조혜진, 2021).

1) 유아교육기관 인간관계의 특성

(1) 다양한 배경을 가진 관계

유아교육기관에 종사하는 사람들은 매우 다양한 경로를 통해 교직에 입문한다. 학력도 보육교사양성기관, 학점은행제, 평생교육원, 2~3년제 대학, 4년제 대학, 대학원 등으로 그 폭이 매우 넓다. 경력의 차이도 다양해서 공립유치원의 경우 신임교사와 원감의 경력은 20년이 넘게 차이가 난다. 이와 같이 다양한 배경을 가진 교사들은 서로의 차이를 인정하면 매우 훌륭한 보완이 되지만 그 차이를 극복하지 못하면 갈등 관계로 악화될 가능성이 높다.

(2) 여성이 다수인 소집단 속의 관계

유아교육기관은 대부분 여성으로 구성된 소규모 집단으로, 의사소통 방식이 사적이며 과제가 아닌 인간관계를 중심으로 이루어지는 특성이 있다. 여성이 다수인 조직은 과제 지향적인 남성 위주의 조직과는 달리 개인적인 상황에 대한 이해를 통해 사적인 관계 속에서 공적인 일을 처리하는 관계 중심의 특성을 보인다. 이러한 특성은 교육을 하는 동반자로서 서로의 업무와 발전을 돕는 관계로 나아갈 수 있으나 서로 간의 이해관계가 지속되지 못할 경우 개인적인 감정과 갈등관계가 업무에 지대한 영향을 주게 되고, 공과 사가 구분되지 않는 불합리한 업무형태가 이루어질 수 있다.

또한 유아교육기관의 규모를 보면 초중등학교와 달리 그 규모가 매우 작다. 집단의 크기가 작으면 가족같이 친밀한 관계가 형성될 수 있지만 업무 측면에서는 교사 한 명이 분담해야 하는 업무의 양이 많고, 업무에 대한 책임 소재가 불분명할 경우 그로 인한 구성원들 간에 갈등이 발생할 소지가 많다.

(3) 공동으로 작업하는 관계

유아교육기관은 지역사회 방문, 야외학습, 다양한 행사, 기관평가를 위한 준비 등으로 공동 작업을 해야 하는 경우가 많다. 공동 작업을 위해서는 구성원 간의 효과적인 협력이 필요하다. 공동 작업이 많을 때 동료 교사들끼리 어려운 문제를 솔선하여 도와주고 서로 믿으면서 협력한다면 업무의 성과는 물론 구성원들의 직무만족도가 높아질 수 있다. 반면에 공동업무에 협력하지 않는 교사가 많아지면 만족도가 낮아질 수밖에 없다. 또한 구성원 개인의 가치관 차이, 사회적 관계기술의 부족, 비협력적 태도를 가진다면, 그로 인한 인간관계의 갈등이 발생하고 업무 진행에 어려움을 겪을 수 있다.

> "유아교육기관은 다양한 배경을 가진 사람들로 구성되어 있고 소집단 속에서 공동 작업이 많기 때문에 사소한 의견 차이가 갈등으로 악화될 가능성이 높다."

2) 교직원과 효과적으로 갈등 관리하기

(1) 집단지성의 발휘를 위해 다양성 존중하기

유아교육기관은 다양한 배경을 가진 사람들로 구성되어 있는 조직으로, 구성원들 간에 가치관, 업무 방식 등의 차이로 오해나 갈등이 일어날 수 있다. 따라서 서로 다른 경력과 경험, 연령의 사람들이 기관의 목표 달성을 위해 집단지성을 발휘하려면 다양한 생각과 관점, 가치관들을 존중하고 배려하는 것이 필요하다. 집단지성(集團知性)은 한 개인이 아니라 다수의 사람들이 집합적으로 갖고 있다고 간주되는 지적 능력과 활동, 그리고 성과물을 통칭(두산백과사전, 2021)하며, '우리는 나보다 똑똑하다.'는 것이다. 협업을 통해서 개인의 능력을 넘어서는 힘을 발휘하기 위해서는 구성원들의 다양성을 존중하고 구성원들 간의 사소한 의견 차이가 심각한 갈등으로 악화되지 않도록 의사소통을 원활하게 하는 것이 필요하다.

예를 들어, 대학 졸업 후 어린이집 영아반 경력만 있는 교사가 유치원 정담임을 맡게 된 경우 "영아반만 맡아서 잘 모르나 본데 유치원은 어린이집이랑 달라요."라는 이야기를 들을 수 있다. 반대로 유치원 경력만 있는 교사가 어린이집 영아반을 맡게 된 경우 "선생님, 영아들은 유아 대하는 것처럼 그렇게 하시면 안 돼요."라는 이야기도 들을 수 있다. 이와 같이 서로 다른 경력과 경험 차이에서 오는 가치관이나 관점의 차이로 구성원들 간에 감정이 상할 수 있다. 따라서 유아교육기관은 다양한 배경을 가진 사람들이 구성되어 있는 곳이라는 점을 인식하고, 구성원들 간에 의사소통을 통해 서로의 생각과 관점을 존중하고 이해하는 것이 필요하다.

(2) 역할기대 차이로 인한 정서적 갈등 관리하기

직장 내 인간관계에서 일어나는 가장 흔한 형태의 갈등은 공동 작업에서 구성원들의 역할기대가 서로 상충할 때 일어난다. 아래의 사례는 공모전 제출 자료 완성을 위해서 주말에 함께 일하기를 기대하는 교사와 반대로 주말에는 일을 할 수 없다고 생각하는 교사 간에 역할갈등을 보여 주는 것이다.

사례1 업무 마무리를 위해 주말에 함께 일하자는 A교사 VS 주말은 가족과 함께 보내야 한다는 B교사

A교사와 B교사는 공모전 제출 자료를 다음 주 월요일 아침까지 원장님께 제출하기로 하였다. 두 교사 모두 열심히 준비하였지만 금요일까지 마무리가 되지 않자 A교사는 자료 완성을 위해 B교사에게 주말에 함께 일하자고 제안했다.

A교사: 이번 프로그램 개발에 우리 각자 노력도 많이 했고, 원장님 기대도 크시니 우리 이번 주말 중 하루만 나와서 함께 수정하고 편집하면 어때요? 저는 이틀 다 괜찮아서 선생님 편한 시간에 맞출게요.

B교사: 그건 좀 힘들겠어요. 주말에 저는 가족과 함께 보내야 해서요.

위 사례와 같이 공동 작업에서 A교사와 B교사의 역할기대가 상충할 경우 누군가는 불편한 감정을 경험하는 갈등상황에 놓이게 된다. A교사는 B교사에 대해 실망하게 되고, 업무에 대한 고민을 혼자 하게 되는 상황에 부당함을 느끼게 될 것이고, 나아가 결과적으로는 상대에 대한 분노를 경험할 수 있다. 부정적인 분노의 감정은 결국 상대방에 대해 방어적인 태도를 취하게 하므로 상대와 함께 협력하여 일하는 것을 어렵게 만든다. 위 사례와 같은 갈등상황에서 어떻게 갈등을 관리하면 좋을까? 직장 내 인간관계에서 생긴 정서갈등을 관리하기 위한 3단계를 제시하면 다음과 같다(Feldman & Mulle, 2007).

1 단계 화가 난 사람이 갈등 해결 시도하기

위 사례처럼 공동 작업 중 문제나 갈등이 생겼다면 갈등 해결을 먼저 시도해야 하는 사람은 불편한 감정을 느끼는 사람이다. A교사는 주말 내내 실망감과 속상함, 화, 분노 등의 불편한 감정을 느꼈을 것이다. A교사는 자신의 불편한 감정을 B교사가 먼저 알아차리고 갈등 해결을 위해 노력해 주길 기대하겠지만 이러한 A교사의 기대는 혼자만의 생각이고 B교사는 인식조차 못하고 있을 가능성이 높다. 따라서 A교사가 불편한 마음을 가지고 있다면 A교사 스스로가 자신의 감정을 인식하고 갈등 해결을 시도할 필요가 있다.

2 단계 실망과 분노 이면의 일차적 감정 인식하기

A교사처럼 함께 작업하는 상대 교사로부터 주말에 일할 수 없다는 답변을 받게 되었다면 실망과 분노 등의 감정을 경험할 수 있다. 실망과 분노의 감정은 갈등 해결이 필요함을 알려 주는 신호이며, 이차적 감정인 실망과 분노 이면에 일차적 감정이 무엇인지 인식하는 것이 필요하다.

A교사의 분노는 B교사가 주말에 일할 수 없다고 거절했기 때문에 생긴 감정이지만, 사실 공모전 제출 자료를 기한 내에 완성하지 못할 것을 걱정하면서 생긴 감정이기도 하다. A교사가 공모전 제출 자료의 결과에 대해 신경을 쓰지 않았다면 화가 나지 않았을 것이다. 즉, A교사의 일차 감정은 공모전 참여를 못할 수 있다는 걱정, 불안, 조바심일 수 있고, 분노는 사실 업무에 대한 걱정에서 비롯된 이차적인 감정이므로 분노의 이면에 무엇이 있는지, 분노를 유발한 주된 감정이 무엇인지를 깨닫는 것이 중요하다.

3 단계 공감적 대화하기

공동 작업 중 일어난 갈등 해결을 위해서는 공감적 대화를 통하여 협력적 관계를 형성하는 것이 필요하다. 공감적 대화를 시도할 때 상대방을 비난, 질책, 판단하는 형식의 너-메시지 표현은 상대로 하여금 방어적 태도를 취하게 하므로 주의해야 한다. 따라서 공감적 대화에서 나-메시지를 사용하여 상대방에게 나의 생각과 의견을 직접적으로 전달하면서 문제해결을 위해 함께 협의하는 것이 필요하다.

공감적 대화하기에서 너-메시지

A교사: 선생님이 주말에 일을 못 한다고 했을 때 선생님이 너무 무책임한 것 같고, 나 혼자 일을 하라는 말인 것 같아서 솔직히 화가 많이 났어요. 나 혼자 하는 업무도 아니고 우리가 함께 맡은 일인데 주말에 일을 못 하겠다고 하면 도대체 언제 마무리를 하겠다는 건가요?

공감적 대화하기에서 나-메시지

A교사: 나는 공모전 제출 기한이 얼마 남지 않았는데 선생님이 주말에 일을 못 한다고 했을 때 기한을 맞추지 못할까 봐 걱정했어요. 제출 기한까지 업무 일정을 어떻게 맞추면 좋을까요?

"직장 내 인간관계에서 생긴 정서갈등을 관리하기 위해서는 화가 난 사람이 분노 감정 이면의 일차 감정을 인식하고 공감적 대화를 통해 자신의 관심과 요구를 나-메시지로 표현하여 협력을 이끌어 내는 것이 필요하다."

3) 직장 내 갈등 관리를 위한 기법: 반영적 경청과 나-메시지

유아교육기관의 인간관계 및 업무 특성으로 인하여 직장에서 여러 가지 갈등 상황이 발생할 수 있다. 직장 내 갈등을 해결하기 위해 반영적 경청과 나-메시지를 사용하여 상대방의 입장을 적극적으로 공감하고, 나의 입장을 성공적으로 전달하는 것이 중요하다.

	수용영역	**상대방의 문제** 내가 수용할 수 있는 행동이나 상대방에게 문제가 있음을 나타내는 경우	**반영적 경청**
		문제 없는 영역	
수용선			
	비수용영역	**나의 문제** 내가 수용할 수 없는 상대방의 행동들	**나-전달법**

[그림 10] Gordon의 네모꼴 수용도식

출처: Gordon,T. (2002). Parent Effectiveness Training: Workbook (김인자 역). 서울: 한국심리상담연구소.

[그림 10]의 Gordon(2002)의 네모꼴 수용도식을 살펴보면 내가 문제를 수용할 수 있는지 여부와 누가 문제를 소유하고 있는지에 따라 수용영역과 비수용영역으로 구분된다. 즉, 상대방의 문제이지만 내가 그 문제를 수용할 수 있는 부분의 문제라면 반영적 경청으로 공감반응을 표시할 수 있다. 반대로 상대방이 내가 수용할 수 없는 문제를 가지고 있을 경우에는 나의 입장과 생각을 상대에게 효과적으로 전달하는 나-메시지 방법을 사용할 수 있다.

이러한 이해를 토대로 〈생각나누기〉 '역지사지 갈등상황에서 의사소통하기' 사례를 보고 상대 문제에 대한 나의 수용 여부를 판단한 후 반영적 경청과 나-메시지를 사용해 본다. 또한 팀원들과 각자의 표현방법을 공유하여 갈등상황에서 적절한 의사소통 전략을 다양하게 실천해 볼 수 있다.

3 세대 갈등과 세대 간 공존을 위한 방법

1) 세대 갈등의 개념 및 세대 구분

꼰대문화를 상징하는 표현으로 유명해진 '라떼는 말이야(나 때는 말이야)'라는 언어 유희는 누구나 한 번쯤 들어 봤을 유행어이다. 세대의 차이에서 오는 이해하기 어려운 생각이나 행동으로 인해 '요즘 애들은 왜 그래?'라는 말도 우리 주변에서 쉽게 접할 수 있다. 최근 기업, 공공기관, 교육기관 등 다양한 조직 내에서도 세대 차이, 세대 갈등에 대한 논의가 지속적으로 이루어지고 있다.

그렇다면 세대란 무엇일까? 세대란, 생애 주기적으로 비슷한 시기에 출생하여 특정 시대적 상황과 문화를 함께 경험함으로써 유사한 가치관과 의식구조 및 행동 양식을 갖는 사람들의 집합이다(최샛별, 2021). 서로 다른 세대에 속한 집단은 각 세대에 따른 경험과 사고방식, 가치관이나 행동 등에 일정한 차이와 다름이 존재하기 때문에 세대 차이가 발생한다. 세대 갈등은 이러한 세대 간의 행동 양식과 가치관 등의 차이가 현실 속에서 어떠한 특정 현상으로 나타나고, 기성세대와 신세대 간의 요구나 욕구가 충돌하는 상태로 세대 간 입장 차이로 벌어지는 갈등을 의미한다(최재원, 2021). 즉, 경제, 사회, 기술의 급변으로 환경이 변화하고 이에 따라 한 시대 안에 여러 경험과 가치관이 공존하게 되면서 이에 대한 부조화가 나타나는 것이다.

각 세대의 특징을 이해하기에 앞서 세대를 어떻게 구분하면 좋을까? '꼰대' '요즘 애들' 같은 말은 시대에 따라 자신이 해당되기도 하고, 나이가 더 어린 세대에게도 해당되는 말이다. '베이비붐 세대', 'X세대', 'Z세대' 등은 한 번쯤 듣거나 접해 본 명칭으로 세대별 구분은 연령층별 현상을 설명하기 위한 개념이다. 우리나라의 세대 구분에 대해서 전문가들의 의견은 다양하지만 보편적으로 〈표 6〉처럼 출생 연도와 주요 사회 이슈를 기준으로 분류한다. 이 외에도 20~30대를 지칭하는 세대명칭에는 밀레니얼 세대, N세대(디지털 기기를 의사소통의 주된 도구로 생활하는 세대), 88만원 세대, 3포(연애, 결혼, 출산 포기) 세대 등이 있고, 50~60대를 지칭하는 세대명칭에는 베이비붐 세대, 386 민주화 세대, 오팔(OPAL, Old People with Active Life) 세대 등이 있다(최샛별, 2021).

〈표 6〉 대한민국의 세대 구분

세대	출생 연도	주요 사회 이슈
산업화 세대	1940 ~ 1954년생	한국전쟁, 베트남 전쟁
베이비붐 세대	1955 ~ 1959년생	5.16 군사정변, 새마을 운동
386 세대	1960 ~ 1969년생	6월 항쟁, 민주화 운동
X세대	1970 ~ 1980년생	성수대교 · 삼풍백화점 붕괴
밀레니얼 세대	1981 ~ 1996년생	월드컵, 외환위기
Z세대	1997년생 ~	국제금융위기, 정보기술(IT) 붐

출처: 고재연(2018.10.15.). 세대별로 성장 배경과 소비 패턴 · 가치관이 모두 다르죠. 한국경제신문.

그렇다면 교직현장에서 세대 구분은 어떻게 하고 있을까? Strauss와 Howe(1991)가 출생 연령을 중심으로 베이비붐 세대, X세대, 밀레니얼 세대로 분류한 것을 기초로 교직현장에서 세대 구분한 것을 살펴보면, [그림 11]과 같다(김재원, 정바울, 2018). 그간 교직에서는 세대 대신 경력단계나 생애주기 접근에 주목하는 경향이 있어 왔다. 경력이나 생애주기에 대한 이해와 달리 세대 관점에 대한 이해는 해당 세대에 속한 구성원으로서 교사들이 공유하는 역사적, 사회적, 문화적 사건들에 의해 형성된 유사한 세대의식을 이해하는 데 도움이 된다.

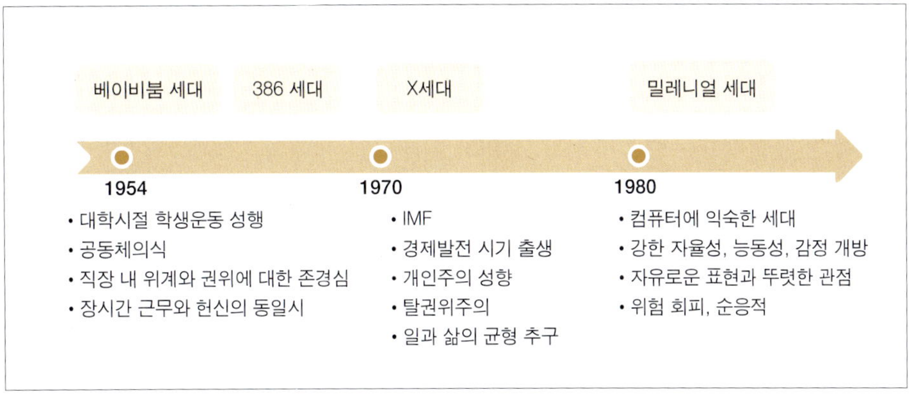

[그림 11] 교직현장의 세대 구분

출처: 김재원, 정바울(2018)과 최재원(2021)의 내용을 수정 · 보완

2) 세대별 특징 및 인식 차이

기성세대가 가지고 있는 신세대에 대한 이미지는 '일에 대한 열정이 없는', '불만투성이', '이기적인' 등이며 반면, 신세대가 가지는 기성세대에 대한 이미지는 '소통 불능', '꼰대', '비효율적인' 등이다. 이렇게 서로가 느끼는 다른 세대에 대한 부정적 이미지는 결국 세대 간의 갈등을 일으키며 업무상의 불편함을 경험하게 할 수 있다. 이러한 세대별 특징을 베이비붐, X세대와 밀레니얼 세대로 구분하여 살펴보면 〈표 7〉과 같다.

〈표 7〉 세대별 특징

베이비붐, X세대	밀레니얼 세대
"피할 수 없으면 즐겨라!"	"즐길 수 없으면 피하라!"
일 중심적이며 헌신적	워라밸(Work and Life Balance) 추구
"일은 의무이다."	"일은 수단이다."
조직 중심, 집단 우선시	자신의 행복, 개인의 권리 추구
수직적 문화에 익숙함	수평적 관계 지향
규율과 원칙 등 기존 방식을 고수	솔직함, 개성, 오락성과 즐거움 추구
근검절약, 고용안전	기술을 활용한 멀티태스킹 능력

출처: 최재원(2021). 유아교육기관 구성원의 세대 간 갈등 및 해결방안. 한국영유아교원교육학회 자료.

구체적으로 밀레니얼 세대의 특징을 4가지로 살펴보면 다음과 같다(최샛별, 2021).

첫째, 인생의 목표는 즐겁게 사는 것이다. 밀레니얼 세대의 75%가 '재미와 즐거움'을 삶의 우선적인 가치로 생각하고 여가와 문화생활을 중시한다.

둘째, '내가 제일 중요해' 권위를 거부하는 평등주의자들이다. 밀레니얼 세대는 자유로움이나 평등과 같은 가치를 중시하고 '부하직원이 상사보다 늦게 퇴근해야 한다. 가장의 권위는 무조건 존중받아야 한다.' 등의 권위주의를 거부한다.

셋째, 기브 앤 테이크(Give and Take)가 확실한 실용주의자이다. '내 것'을 중시하는 경향이 있으며, 자신에게 직접적으로 도움이 되는 일에 행동을 취하고 무조건적인 희생과 봉사를 반대한다.

넷째, 자기계발에 매진하는 디지털 네이티브와 태생적 글로벌리스트이다. 자기계발을 위해 외국어 등의 다양한 배움과 건강, 외모 관리를 하며 다양한 사회문화적 경험과 컴퓨터, 외국어 실력을 가지고 있다.

세대별 인식 차이는 개인 또는 집단 사이에서 목표나 이해관계의 차이를 낳아 소통의 장애물로 작용하게 된다. 세대 갈등의 피해를 최소한으로 줄이기 위하여 세대 간의 인식 차이를 이해하고 차이를 줄이기 위한 노력이 필요하다. 대한상공회의소(2020)의 '직장 내 세대 갈등과 기업문화 종합진단 보고서'에 따르면 직장인 69.3%가 세대 차이를 느끼고 있는 것으로 나타났다. 연령별로는 20~30대보다 40~50대 윗세대로 갈수록 세대 차이를 크게 느끼고 있는 반면, 이로 인한 업무의 부정적 영향은 40~50대보다 20~30대 아랫세대일수록 더 크게 느끼는 것으로 나타났다. 또한 정시 퇴근, 근무 태도, 업무 지시, 회식 등에서 윗세대와 아랫세대 간에 세대별 인식 차이가 큰 것으로 나타났다.

활동 세대별 인식 차이 이해하기

■ 그림 자료와 Youtube 동영상을 보고 난 후 '정시 퇴근, 근무 태도, 회식, 업무 지시' 등에 대해서 윗세대와 아랫세대가 생각하는 인식 차이에 대해서 구성원들과 이야기 나눠 보세요.

- 정시 퇴근: 일이 남았는데 6시 됐다고 퇴근? VS 내 근로계약서는 딱 6시까지
  (정시 출근: 10분 전 출근은 기본이지 VS 10분 먼저 왔으니, 10분 먼저 가야죠)
- 근무 태도: 복장 · 근태만 봐도 마음가짐 보인다 VS 업무에 지장 없으면 되는 것 아닌가요
- 회　　식: 나도 재미없지만 그래도 소통엔 회식 VS 회식 재미없는데 안 하면 안 돼요?
- 업무 지시: 이 정도는 알아서 해야지 VS 찰떡같이 말해야 찰떡같이 알아듣지

▶ jobsNTV(2021). '요즘 것들 VS 꼰대: 직장 내 세대 갈등 천태만상'
https://youtube/CufCViz5YbY

"세대 차이가 세대 갈등으로 진전되지 않으려면
서로 다름을 인정하고 소통하는 게 필요하다."

3) 세대 간 공존을 위한 방법

교직은 타 조직에서 쉽게 볼 수 없는 동일 직급 내 다양한 세대가 존재하는 다세대 일터(multigenerational workplace)이다(윤소희, 2021). 이로 인해 서로 다른 세대에 속한 교직원들은 가치관, 업무 방식 등의 차이로 오해나 갈등이 일어날 수 있다.

세대별 어려움을 느끼게 되는 세대 갈등은 조직의 구성원이 변화되었지만 조직 내의 문화와 체계는 변화하지 못했기 때문에 이에 대한 부조화가 나타나는 것이다. 상명하복식 수직적 업무 방식과 소통관행으로 인해 나타나는 세대 갈등에서 조화로운 공존으로 나아가기 위해서는 조직체계 전반의 변화가 필요하다(허두영, 2019). 대한상공회의소(2019, 2020)에서는 윗세대와 아랫세대 간의 대표적인 인식 차이 사례로 정시 퇴근, 사내 규범, 회식, 업무 지시 등을 제시하였다. 이러한 세대 갈등의 주요 사례를 중심으로 유아교육기관 내에서 세대 공존의 방법을 생각해 보고 다함께 행복한 조직문화를 만들기 위해 변화를 실천할 필요가 있다.

(1) 정시 퇴근: 책임감과 워라밸 사이

"나도 야근이 싫지만
결과에 대한 책임을 오롯이
감내해야 하니 업무 성과를 높이기 위해
야근은 어쩔 수 없어."

VS

"근로시간은 법적으로 주어진
나의 권리인데 침해받기 싫어요.
그리고 열심히 하시는 모습 정말
존경하지만, 그렇게 살기는 싫어요."

일과 삶의 조화는 모든 직장인의 바람이지만, 현실에서는 정시 퇴근을 위해 눈치를 볼 수 있다. 근로시간에 대한 인식 차이는 '야근은 어쩔 수 없다'고 생각하는 윗세대와 '칼퇴를 당연시'하는 아랫세대 간의 가치관 갈등이라 할 수 있다. 즉, '의무 중심'으로 생각하는 윗세대와 '권리 중심'으로 생각하는 아랫세대의 가치관 갈등이라 할 수 있다. 이러한 갈등을 조금 더 깊이 들여다보면 업무 진행에 대한 막중한 책임감을 가진 기성세대와 상대적으로 업무에 대한 이해와 책임감이 낮은 신세대의 입장 차이가 원인이 된다. 또한 아랫세대는 윗세대가 일의 의미나 과정에 대한 설명 없이 '성실히', '열심히'만 강조한다고 생각하기 때문에 '비합리적'이라고 생각하고, 윗세대는 아랫세대가 업무에 대한 책임감과 열정이 없고 성실하지 못하다고 생각한다.

서로 간의 인식 차이를 줄이기 위해 근태와 업무 효율, 성과에 대한 상관관계를 조직의 입장에서 재정의할 필요가 있으며, 구성원 모두에게 업무에 대한 동기를 부여하고, 명확한 역할과 책임의식을 가질 수 있도록 업무를 안내할 필요가 있다.

정시 퇴근을 위한 세대 공존의 기술

- 영유아의 낮잠 시간이나 기본교육(보육) 과정 이후의 시간을 최대한 활용하자.
- 공동업무는 효율적인 업무 분장에 따라 미리 전달하자.
- 불가피한 야근 시 날짜를 미리 계획하고 공유하자.
- 업무에 대한 동기를 부여하고, 명확한 역할과 책임의식을 가지자.

(2) 사내 규범: 격식과 자율 사이

"나 때는 반바지도 못 입었어.

회의 때 왜 집중 안 하고 딴생각 하지? 기본 예의가 없구만."

VS

"업무에 지장 없으면 되는 것 아닌가요?

일방적인 감독과 업무에 대한 보고가 회의라고 할 수 있나요?"

사내규범에 대한 인식 차이는 '단정한 복장과 근태는 기본'이라는 윗세대와 '성과와는 무관한 자율'이라는 아랫세대의 가치관 갈등이라 할 수 있다. 복장이나 회의 등 윗세대가 과거로부터 경험하였던 세대의 관행이 조직의 기준이 되어 아랫세대의 행동을 예의의 문제로 비난할 때 서로 간에 갈등이 발생한다. 과거에

갇힌 윗세대로부터의 비난은 결국 아랫세대에 대한 불신이 되고, 서로 다른 입장 차이가 조율되지 못한 채 갈등으로 이어진다. 근본 원인은 시대의 흐름과 구성원이 변화하는 데 따라 조직이 변화를 수용하고 대응하지 못했기 때문으로, 조직 차원에서 구성원이 지켜야 할 원칙과 의무에 대한 교육이 필요하다.

조직문화 개선을 위한 세대 공존의 기술

- 꼭 지켜야 할 조직 내 사내규범을 협의하고, 구체적인 원칙을 만들어 공유하자.
- 회의 진행자의 형식적인 업무 지시나 보고 형식의 회의는 그만!
  교직원 간 의견을 나누고, 협의가 이루어지는 회의문화 조성을 위해 노력하자.
- 업무에 방해가 되는 불편한 복장이 아니라면 개인의 개성을 존중하자.
- 불필요한 업무와 관행을 줄이고, 개인이 맡은 업무에 대한 자율성을 보장하자.
- '칭찬 릴레이'나 '스트레스에 대한 전지적 참견시점' 같은 조직 활성화 프로그램을 통하여 일상에서의 소소한 행복을 찾을 수 있도록 흥밋거리를 제공하자.

(3) 회식문화: 소통과 불통 사이

"밥도 같이 먹고,
사적 이야기도 나누며 인간적으로
신뢰를 쌓아야 업무적으로
더 편하게 이야기할 수 있지."

VS

"의전의 연속인 회식은
누구를 위한 걸까요?
회식으로 허비하는
시간과 에너지가 아까워요."

윗세대가 느낄 때 공동체의식이 부족한 '요즘세대'와 아랫세대가 느끼는 비합리적이고 말이 안 통하는 '꼰대'의 차이는 회식문화에서도 나타난다. 아랫세대는 회식 자리에 왜 자꾸 빠지려고 할까? 여기에는 윗세대와 아랫세대 간 인식의 차이가 숨어 있다. 윗세대는 상하 관계를, 아랫세대는 평등을 중시하다 보니 회식 자리에서 윗세대는 '섬김을 받는 것이 당연한 예의'라고 생각하고, 아랫세대는 '의전의 연속이라 불편함'을 호소하는 것이다. 이러한 인식 차이를 줄이기 위해서는 수직적 관계에서 수평적이고 상호 존중하는 관계로의 변화가 필요하고 바람직한 회식문화의 방향을 잡기 위해 조직에서 구성원들과 어떤 노력을 해야 할지에 대한 고민이 필요하겠다.

소통을 위한 세대 공존의 기술

- 회식의 원칙을 정하여 회식문화를 실천하자.
  예 회식은 분기 1회, 날짜는 연초에 계획하여 공지하고, 장소는 구성원의 의견을 적극 반영, 회식은 9시 이전에 마무리, 회식의 목적은 단합을 원칙으로 한다.
- 답답해도 선배 교사가 시키는 대로는 옛말!
  구성원 간 수평적이고, 상호 존중하는 분위기를 만들자.
- 나의 틀림을 인정하고 열린 마음으로 윗세대(아랫세대)의 의견을 적극 반영하자.
- 서로 간 공감을 통한 적극적 소통을 위해 노력하자.

(4) 업무 지시: 적극성과 효율성 사이

"나 때는 자료도 없었어.
그냥 혼자 알아서 다 했지." VS "정확하게 하기 위해 자세하게
묻는 건데 일을 못하는 건가요?"

업무 지시에 대한 인식 차이는 '주도성 없다'며 답답해하는 윗세대와 '일의 목적과 방향을 알려 달라'는 아랫세대의 가치관 갈등이라 할 수 있다. 직접 길을 찾으며 일을 배워 온 윗세대는 '말 안 해도 알지. 일일이 설명을 해 줘야 알겠니?' 하는 생각을 하는 반면 아랫세대는 '합리적으로 명확한 업무 지시'를 바라는 것이다. 조직의 구성원이 조직 내에서 주어진 역할을 잘 수행하기 위해서는 조직이 역할수행에 필요한 지원을 충분히 제공해 주는 것이 중요하다. 답습해 온 비합리적 업무 지시가 아닌 아랫세대가 원하는 리더십을 발휘하여 업무에 대한 목표와 방향을 안내하고, 팀의 성과와 나의 성장이 같다는 공동의 목표의식을 심어 줄 수 있어야겠다.

업무수행을 위한 세대 공존의 기술

- 업무에 필요한 가이드와 정보를 최대한 자세하게 안내하자.
- 노력과 업무 성과에 대한 인정과 보상은 구체적이고 정확하게 하자.
- '조직의 성과와 나의 성장'이라는 공동의 목표의식을 가지자.
- 공동으로 사용하는 장소(유희실, 복도, 입구, 교사실) 관리, 각종 행사 및 기관 평가 준비 등의 공동업무에 있어 '너의 일', '나의 일' 말고 '우리 일'이라는 관점을 가지자.
- 공동업무에 교직원 개개인의 역할과 책임을 명확히 하고 지키자.

"조직 내 세대 갈등은 구성원이 변화되었지만
조직 내의 문화와 체계는 변화하지 못했기 때문에 부조화가 나타나는 것이다.
유아교육기관 내에서 세대 공존의 방법을 생각해 보고
다 함께 행복한 조직문화를 만들기 위해 변화를 실천할 필요가 있다."

생각나누기

역지사지(易地思之) 갈등상황에서 의사소통하기

다음의 갈등상황에서 당신은 어떤 감정을 느끼는지 적고, 갈등 해결을 위한 반영적 경청이나 나-메시지를 적어 보세요. 팀원들과 반영적 경청과 나-메시지의 의사소통 기술을 연습하고 공유해 보세요.

상황 1 이번 주 금요일에 학부모참여수업이 예정되어 있다. 막바지 참여수업 준비를 위해 이번 주에는 교사들이 일과를 마치고 다 함께 모여서 일을 하기로 하였다. 그런데 최교사는 급한 개인 업무가 있다면서 며칠째 늦게 교사실에 모이고 공동업무에 적극적으로 참여하고 있지 않다.

1 이 상황에서 당신이 **최교사(동료 교사)**라면 어떤 감정일까?

2 이 상황에서 최교사 또는 동료 교사의 역할을 선택하고, 갈등 해결을 위한 **반영적 경청** 또는 **나-메시지**를 적어 보세요.

상황 2 어린이집(유치원) 평가를 받는 날이 열흘 정도 남았고, 업무분장을 통해 맡은 일을 책임지고 마무리하기로 하였다. 이번 주에 A교사는 개인적으로 중요한 모임이 있어서 자신이 맡은 일을 미리 끝내고 퇴근을 하려고 하는데 아직 동료 교사들과 원장님은 일을 하고 있다.

A교사: 원장님, 저 퇴근해도 될까요?

원 장: 선생님, 다른 선생님들 일하시는데 조금 도와주면 안 될까? 선생님이 도와주면 다 같이 일찍 끝날 것 같은데….

1 이 상황에서 당신이 **A교사(원장)**라면 어떤 감정일까?

2 이 상황에서 A교사 또는 원장의 역할을 선택하고, 갈등 해결을 위한 **반영적 경청** 또는 **나-메시지**를 적어 보세요.

상황 3 원장님이 구청(교육청)에서 온 공문을 확인한 후 갑자기 A교사를 불렀다.

원 장: 지난번에 하라고 한 서류 혹시 작성했나요?
A교사: 네? 그게 갑자기 무슨? 지난주에 천천히 해도 된다고 하셔서 아직 시작도 안 했는데요.
원 장: 나도 그런 줄 알았는데 오늘 공문을 확인해 보니 구청(교육청)에서 그 서류를 내일까지 제출하라고 하네요.
A교사: 진작 말씀해 주셨으면 했을텐데… 오늘은 내일 있을 부모교육 준비로 해야 할 일이 많습니다.
원 장: 갑자기 일정이 변경되어 내일까지 제출하라고 하는데 어쩌겠습니까?
내일까지 처리해 주세요.

1 이 상황에서 당신이 **A교사(원장)**라면 어떤 감정일까?

---

2 이 상황에서 A교사 또는 원장의 역할을 선택하고, 갈등 해결을 위한 **반영적 경청** 또는 **나-메시지**를 적어 보세요.

상황 4 교사들이 함께 모여 다음 달 연차 일정을 정하고 있다. 지난번에도 비행기표를 예약했다는 이유로 휴가 일정을 먼저 정한 A교사가 이번에도 먼저 휴가 일정을 이야기한다.

A교사: 저 이번 휴가는 공휴일이랑 주말이 연결되어 있는 날에 이어서 이틀 연차 사용할게요.
B교사: 선생님, 우리가 공휴일이랑 주말이 연결되어 있는 때에는 돌아가면서 사용하기로 했잖아요. 그러면 선생님은 이틀 연차 사용으로 5일 동안 휴가 다녀오게 되네요. 이번에 선생님이 사용하게 되면 다른 선생님은 평일에 연차를 사용하게 되어서 결국 길게 연차를 다녀올 수가 없어요.
A교사: 죄송해요. 선생님~ 하지만 이미 모든 예약을 마친 상태라 취소할 수가 없어요.

1 이 상황에서 당신이 **A교사(B교사)**라면 어떤 감정일까?

---

2 이 상황에서 A교사 또는 B교사의 역할을 선택하고, 갈등 해결을 위한 **반영적 경청** 또는 **나-메시지**를 적어 보세요.

생각실천하기

우리 기관의 세대 공존을 위한 원칙

우리 기관의 윗세대와 아랫세대가 다 함께 행복한 조직문화를 만들기 위해 필요한 세대 공존의 기술은 무엇일까요? 구성원들과 우리 기관의 세대 공존을 위한 원칙을 만들어 보거나 본문에 제시되었던 세대 공존의 기술 중 몇 가지를 함께 실천해 보세요.

- 세대 갈등의 주요 쟁점 사례, 4가지(정시 퇴근, 사내 규범, 회식문화, 업무 지시) 중에서 가장 공감되는 사례가 있었다면 무엇인가요? 우리 기관의 세대 공존을 위한 원칙을 만들어 보세요.

- 제시된 세대 공존을 위한 원칙 중에서 적용하고 싶은 방법이 있다면 무엇인가요? 직무수행 과정에서 구성원들과 함께 실천해 보고 변화를 관찰해 보세요.

참고문헌

국가직무능력표준(NCS)(2021). 직업기초능력 프로그램: 대인관계능력. 한국산업인력공단. http://www.ncs.go.kr/에서 인출.

김재원, 정바울(2018). 밀레니얼세대 초등교사의 직업 동기, 직무 인식, 그리고 경력 전망에 관한 탐색적 연구. **교육행정학연구, 36**(3), 231-249.

대한상공회의소(2019). Why Book 2: 세대 갈등편. http://www.korcham.net에서 인출.

대한상공회의소(2020). 직장 내 세대 갈등과 기업문화 종합진단. http://www.korcham.net에서 인출.

두산백과사전(2021). 두피디아. www.doopedia.co.kr에서 인출.

박은혜(2013). **유아교사론**. 서울: 창지사.

송정애, 장정순(2008). 보육교사의 역할갈등이 역할수행에 미치는 영향 연구. **한국가족복지학, 13**(4), 229-249.

윤소희(2021). 교직 내 세대 간 문화차이 및 인간관계 개선 방안. 한국영유아교원교육학회 2021년도 춘계학술대회, 33-50.

조벽(2016). **인성이 실력이다**. 서울: 해냄출판사.

조혜진(2021). **유아교사의 정서역량 2판**. 서울: 창지사.

최샛별(2021). 문화사회학으로 바라본 한국사회 세대 간 문화 경험과 문화 갈등의 자화상. 한국영유아교원교육학회, 2021년도 춘계학술대회, 13-31.

최재원(2021). 유아교육기관 구성원의 세대 간 갈등 및 해결방안. 한국영유아교원교육학회 2021년도 춘계학술대회, 51-84.

허두영(2019). 요즘 것들과 옛날 것들의 세대 공존의 기술. 경기도: 넥서스BIZ.

Feldman, J., & Mulle, K.(2007). *Put emotional intelligence to work*. Virginia: ASTD Press.

Gordon, T.(2002). *Parent Effectiveness Training* (김인자 역). 서울: 한국심리상담연구소.

Rahim, M. A.(1985). A strategy for managing conflict in complex organization. *Human Relations, 84*, 13-29.

Strauss, W., & Howe, N.(1991). *Generations: The history of America's future, 1584 to 2069*. NY: William morrow & company.

기사 및 동영상

고재연(2018.10.15), 산업화 세대 → 베이비부머 → X세대 → 밀레니얼 세대 → Z세대 … 세대별로 성장 배경과 소비 패턴 · 가치관이 모두 다르죠. 한국경제신문. https://www.hankyung.com/economy/article/2018101267181에서 2021년 8월 12일에 인출.

jobsNTV(2021). '요즘 것들 VS 꼰대: 직장 내 세대 갈등 천태만상' http://youtube/Cuf-CViz5YbY

YTN사이언스(2014.3.14.) '만성피로를 부르는 뇌피로를 풀어야 인생이 풀린다' 선별적 집중. https://youtu.be/QuWE87zIf44?t=2433 에서 인출.

CHAPTER

05

유연한 사고,
변화 관리하기

• • • 학습목표

- 변화와 전이의 차이를 이해하고 내적 변화를 위해 유연한 사고와 관점의 전환이 필요함을 이해한다.
- 변화의 전이 과정에서 구성원들이 경험하는 다양한 정서반응을 이해하고 관리할 수 있다.
- 직장에서의 대내외 변화요구를 인식하고 긍정적으로 변화를 관리할 수 있다.

오늘날의 세상은 변화의 방향을 예측하기 어렵고 과거에 비해 빠르게 변화하고 있다. 최근 기업, 공공기관, 교육기관 등에서 일어나는 조직환경 변화의 두드러진 특징도 변화의 불확실성과 빠른 속도이다(정재상, 2019). 직장에서의 변화는 불가피한 것이다. 그런데 사람들은 왜 변화를 힘들어하고 불안해하거나 거부하는 것일까? 이것은 변화 자체가 힘들다기보다 변화로 인해 나에게 익숙하고 안정감을 주었던 상황이나 역할을 끝맺고 새로운 상황이나 역할로 옮겨 가야 하는 전이 과정이 힘들기 때문일 것이다. 직장생활에서 끊임없이 맞닥뜨리게 되는 낯선 상황과 역할의 변화, 다양한 환경 변화에 대해 자신의 생각과 행동, 감정을 유연하게 조절하고 대처할 필요가 있다.

유아교육기관도 예외는 아니다. 유아교육기관도 교육환경 변화에 적응해야 하는 유기체적인 조직으로, 다양한 변화요구에 교직원들이 저항감을 갖기보다 유연하게 사고하고 긍정적으로 변화에 적응하기 위해 변화 관리방법을 알고 실천하는 것이 필요하다.

운영Tip

유연한 사고, 변화 관리하기에서는 유아교육기관을 둘러싼 교육환경 및 정책이 급변하고 있으며 이러한 변화 과정에서 구성원들이 경험하는 다양한 정서반응과 정서관리전략을 이해하도록 운영한다. 또한 구성원들이 직장에서의 변화요구에 어떻게 대처하고 적응할 것인지 변화관리전략을 이해하고 적용할 수 있도록 운영한다.

- 〈생각열기〉를 위한 물음을 중심으로 구성원들이 직장에서 경험했던 변화사례와 어려움에 대해 이야기 나누면서 직장에서의 변화요구와 감정, 적응노력에 관심을 가진다.
- 〈생각채우기〉에서는 변화와 전이의 개념, 변화 과정에서 경험하게 되는 정서반응과 정서관리전략, 직장에서의 변화와 변화 관리방법에 대해 이해하기 위해 동영상 시청과 사례토의를 하면서 주요 내용을 학습한다. 또한 팀원들과 변화요구를 수용하고 적응하는 데 필요한 생각, 행동, 감정 등을 공유하고 피드백을 주고받는다.
- 〈생각나누기〉에서는 직장에서 경험할 수 있는 환경 변화와 변화요구 사례를 기초로 구성원들이 어떤 생각과 감정을 느낄 것인지 What-if 분석을 연습하고, 팀원들과 변화에 적응하기 위한 대처 방식에 대해 토의한다.
- 〈생각실천하기〉에서는 최근 어린이집(유치원)에서 자신이 경험하고 있는 변화에 대해 생각해 보고 변화의 전이 과정에서 끝내야 할 것과 새로운 시작을 위해 필요한 것을 탐색하며 실천한다.

생각열기

〈생각열기〉를 위한 물음을 중심으로 구성원들이 직장에서 경험했던 개인적 변화와 조직의 변화에 대해 이야기를 나눈다. 구성원들이 변화에 직면했을 때 가졌던 불안, 좌절, 기대 등의 감정과 적응노력에 대해서 이야기 나누고 관심을 가진다.

〈생각열기〉를 위한 물음

- 최근 직장에서 경험했던 가장 큰 변화는 무엇이었나요?
  예 역할의 변화(입사, 주임교사 승진, 담당학급 연령 변화 등), 환경의 변화 또는 사건 (교직원의 이동, 평가제 참여, 교육정책 및 교육과정의 변화, 지역사회의 변화 등)
- 이 변화에 대해 어떤 생각과 감정을 느꼈나요?
- 변화에 적응하는 데 힘이 들었다면 그 이유는 무엇일까요?
- 변화에 적응하기 위해 노력을 했다면 어떻게 했나요?

1 변화와 관점 전환

1) 변화와 내적 전이

변화란 사전적 의미로는 모양, 성질, 상태가 바뀌어 달라지는 것, 또는 주변환경 상황에 영향을 미치는 결정이나 선택, 사건 등으로 정의된다(국립국어원, 2021). 변화(change)는 자신의 주변에서(around) 일어나는 것으로 자신의 환경이나 상황에 영향을 미치는 결정, 선택 또는 자연적 사건이며, 전이(transition)는 자신의 내면에서(within) 일어나는 것으로 변화에 적응하기 위한 인간의 내적 변화이다(Feldman & Mulle, 2007). 즉, 전이는 변화의 사건에 직면해서 겪어 내야 하는 심리적 재조직을 의미한다.

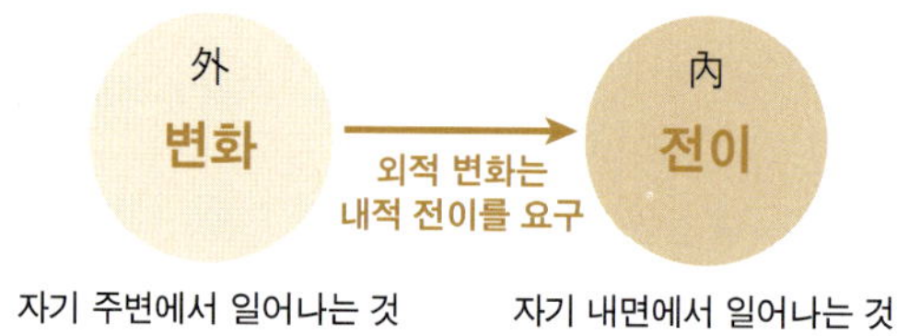

[그림 12] 변화와 전이

Bridges(1980)는 전이란 내면에서 일어나는 변화이며, 새로운 시작, 새로운 방법을 찾는 과정이라고 하였다. 또한 새로운 시작을 향한 전이의 과정에서는 중립지대(neutral zone)의 통과가 필요한데, 이러한 중립지대를 '황무지'로 표현했다. 중립지대는 기존 방식과 새로운 방식 사이에 위치한 외롭고 고립된 공간으로, 과거는 지나갔고 미래는 불확실하기 때문에 불균형감, 상실, 당황 등 감정적 불안을 경험하게 된다고 하였다. 이 과정에서 대부분 사람들은 '나는 누구인지, 무엇을 하고 있는지, 어디로 가고 있는지' 혼란을 경험하게 되며, 이로 인해 변화에 대해 두려움을 느끼고 옛날 방식을 고수하려 하거나 과거에 매달리려는 경향도 생긴다. 따라서 변화와 전이의 개념을 이해하고 변화를 위해 현재 나의 사고방식이나 역할 중 끝맺거나 변화시켜야 할 것은 무엇인지 생각해 볼 필요가 있다.

> "전이는 변화에 적응하기 위한 인간의 내적 변화이며,
> 익숙하고 안정감을 주었던 기존 방식을 끝맺고
> 새로운 시작, 새로운 방법을 찾는 과정이다."

2) 관점 전환

직장에서 변화는 불가피한 것이다. 사람들이 흔히 '변화는 힘들어'라고 말할 때의 변화는 변화 그 자체에 대해 말하는 것은 아니다. 사람들이 변화에 대해 저항을 한다는 것은 변화 자체에 대한 것이 아니라 변화가 요구하는 전이때문이다. 외적 변화가 요구하는 다양한 내적 변화에 대해 Feldman과 Mulle(2007)는 변화를 위한 전이의 내용으로 4가지를 제시하였다.

- 다른 환경에 적응하는 것
- 다른 행동들을 실행하는 것
- 새로운 관계들을 정립하는 것
- 나 자신과 나의 위치를 바라보는 자신의 관점을 바꾸는 것

이와 같이 변화에 적응하기 위해서는 전이 과정에서 경험하게 되는 환경의 변화, 행동과 역할의 변화, 인간관계의 변화에 대해 자신의 생각과 태도, 감정을 유연하게 조절할 수 있는 관점의 전환이 필요하다. 그렇지만 실제로 변화는 생각만큼 쉬운 것이 아니다. 누구나 변화를 수용하고 창조하며 관리해야 한다고 하지만 구성원들이 조직에서 현재 상태를 유지하고자 변화를 거부하는 반응을 보이기도 한다. 변화에 저항하는 이유는 변화 후 상황에 대한 불확실성과 공포, 기득권자들의 권리 상실에 대한 우려, 새로운 기술 취득에 따른 부담감, 안정을 취하려는

기본적인 개인의 욕구 등이 있으며, 다양한 저항요인은 구성원들에게 스트레스 원인이 될 수 있다(강우규 외, 2017). 따라서 변화에 적응하기 위해서는 유연한 사고와 관점의 전환이 필요하며, 관점의 전환은 현재 상황에서 변화를 실행할 수 있는 중요한 요소가 된다.

아래의 활동 '관점에 색을 입혀라'(CEO의 세심록, 2015) 동영상에서는 관점의 전환에 대한 에피소드들을 볼 수 있다. 첫 번째 에피소드에서는 재정난이 심각한 동물원이 폐업을 고민하던 중 코끼리가 임신을 하게 되자 사람들은 코끼리가 곧 다른 곳으로 팔려 갈거라 생각했지만, 동물원 관계자들은 임신한 코끼리의 초음파 사진을 이용하여 다양한 이벤트를 펼친 결과, 동물원에 대한 사람들의 관심을 높여 동물원을 다시 운영할 수 있었다. 두 번째 에피소드에서는 지나가던 여성이 길가에서 구걸하는 맹인의 팻말 글귀를 "나는 장님입니다. 도와주세요."에서 "아름다운 날입니다. 그리고 저는 그걸 볼 수가 없습니다."로 문구를 바꿔 줌으로써 많은 사람의 관심을 받을 수 있었다. 이 에피소드들은 같은 상황이지만 보는 관점에 따라 결과가 달리질 수 있음을 보여 준다. 이렇듯 관점의 변화는 나를 바꾸기도 하지만 세상을 바꾸는 거대한 힘을 발휘하기도 한다.

활동 관점의 전환

- **아래 동영상 자료 '관점에 색을 입혀라'를 보면서 동영상 속 에피소드에 나타난 관점의 전환이 무엇인지, 여러분이라면 어떻게 생각하고 느꼈을지 이야기 나눠 보세요.**

  ◐ CEO의 세심록 '관점에 색을 입혀라' 동영상
  - episode 1. '임신한 코끼리'
  - episode 2. '뜻은 같지만 다른 글로 썼을 뿐이에요'

  https://youtu.be/3cGoj3vck8s

- **직장생활에서 관점을 바꾸어 성공했던 사례가 있었나요? 관점을 바꾸어 상황이 긍정적으로 변화된 사례들을 동료들과 이야기 나눠 보세요.**

2 변화를 위한 정서 관리

1) 변화에 대한 정서반응

삶에서 변화가 전개될 때 대부분의 사람들은 감정의 롤러코스터를 경험하게 된다. Feldman과 Mulle(2007)는 퀴블러 로스(Kübler-Ross, 1969)가 죽음과 임종의 과정에서 사람들이 경험하는 정서반응을 부정, 분노, 타협, 우울, 수용 등의 단계로 설명한 것에 기초해서, 구성원들이 변화의 전이 과정에서 경험하게 되는 다양한 정서반응과 조직에서 생산성 간의 관계를 U자형 그래프로 제시하였다. 즉, 변화를 위해 이전 방식의 끝맺음에서 새로운 방식의 시작으로의 전이 과정에서 나타날 수 있는 정서반응을 살펴보면 [그림 13]과 같다.

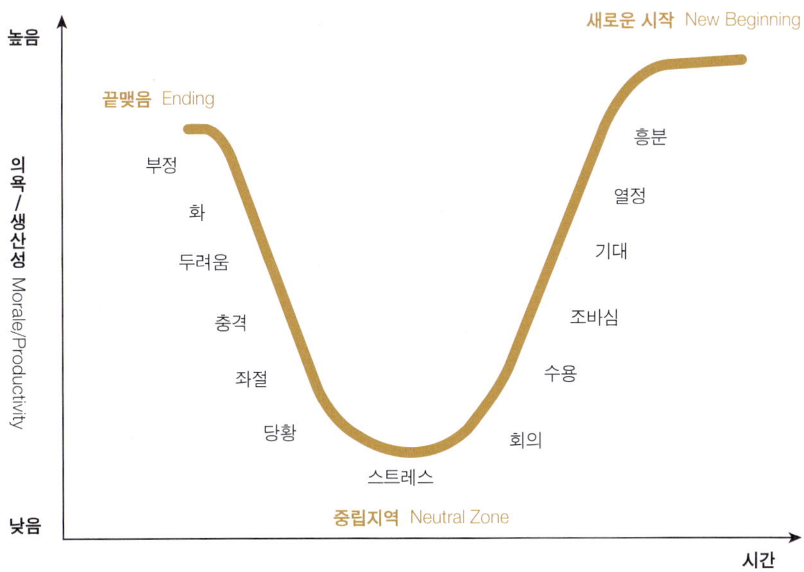

[그림 13] 변화의 전이 과정에서 경험하게 되는 감정반응

출처: Feldman, J. & Mulle, K.(2007). Put emotional intelligence to work. ASTD Press. p.108.

조직에서는 변화의 전이 과정에서 구성원이 경험하게 되는 다양한 정서반응을 이해하는 것이 필요하다. [그림 13]을 보면 전이 과정에서 끝맺음과 새로운 시작 간의 시간 동안 구성원들은 변화를 부정하고 두려움, 좌절 등의 부정 정서에서 수용, 기대, 열정, 흥분까지 다양한 정서를 경험하게 되며, 이 과정에서 조직의 성과와 생산성, 사기는 매우 깊은 하락 곡선을 나타냈다가 상승하게 된다. 이러한 구성원의 감정 변화를 이해하고 문제해결 과정에서 이러한 감정반응에 대해 적절한 지원을 제공한다면 조직의 성과를 향상시킬 수 있다.

2) 변화 적응을 위한 정서 관리

직장에서 경험하는 다양한 변화에 대해 거부감 없이 능동적으로 대처하는 것은 어려운 일이다. 효과적으로 변화에 적응하기 위해서는 변화상황에서 나와 팀원들이 어떻게 느끼는지 관찰하고, 변화로 인해 생기는 불안, 좌절, 분노 등의 집단정서를 인식하고 관리하는 것이 필요하다. 변화를 수용하고 주도하기 위한 정서관리전략에 대해 살펴보면 다음과 같다(Caruso, & Salovey, 2009; Feldman & Mulle, 2007).

■ **정서 인식하기 - 변화에 대한 나와 팀원들의 정서 상태를 인식하는 단계**

변화에 대해 나와 팀원들이 어떻게 느끼는지 감정의 종류와 강도를 인식하고 평가한다.

- 나는 어떻게 느끼는가?
- 이 상황에서 다른 사람들은 어떻게 느끼는가?

■ **정서 이해하기 - 정서의 원인과 다음에 일어날 일을 검토하는 단계**

나와 팀원들이 느끼는 감정의 원인과 다음에 일어날 일을 검토하는 단계이다. 모든 감정은 그냥 생기는 것이 아니라 그 감정을 유발한 원인이 있고 변화하는 특성이 있으므로 나와 팀원들이 느끼는 감정의 원인은 무엇이고 어떻게 변화할지 이해하는 것이 필요하다. 또한 이 단계에서 What-if 분석은 나와 팀원의 감정을 이해하는 데 도움이 된다. '~하게 되면 어떻게 느낄까?', '팀원들은 이 일에 대해 어떻게 접근하고 생각할까? 어떻게 반응할까?' 등의 분석은 나와 팀원의 감정과 반응을 예측하고 이해하는 데 필요하다.

- 감정의 원인은 무엇인가?
- 팀원들은 왜 그렇게 느낄까? 사건이 진행되는 동안 감정은 어떻게 바뀔까?
- ~하게 되면 팀원들은 어떻게 반응할까? 이 일에 대해 어떻게 접근하고 생각할까?

■ 정서 수용하기 - 나와 팀원의 감정과 행동을 인정하고 수용하는 단계

나와 팀원들이 보이는 감정과 행동을 인정하고 수용하는 단계이다. 나와 팀원이 느끼는 감정과 보이는 행동들을 비판 없이 인정하고 수용하는 것이다. 자신과 타인의 감정과 행동에 대해서 '이렇게 해야 했는데…' '왜 이렇게 하지?' 등의 후회, 비판, 분노 등의 불쾌한 생각과 느낌을 만날 수 있다. 수용하기는 이러한 자신과 타인에 대한 비판적 메시지를 '이미 일어난 일이야.' '그렇게 할 수밖에 없었어.' '그 사람은 그렇게 생각할 수도 있어.'와 같이 인정하고 수용하는 메시지로 바꾸는 것이다.

■ 정서 조절하기 - 감정을 적절하게 표현하고 관리하는 단계

효과적인 정서조절 전략을 사용해서 자신의 정서를 적절하게 표현하고 관리하는 단계이다. 감정은 사고 과정에 영향을 미치므로 앞서 나와 팀원의 변화에 대한 감정은 어떠한지, 감정의 원인과 예측 분석 등을 기초로 나와 팀원의 감정을 어떻게 관리할 것인지 검토하고 행동한다.

- 나는 나의(팀원들의) 감정을 토대로 무엇을 할 수 있을까?
- 바람직한 결과는 무엇일까? 취해야 할 행동은 무엇일까?
- 이러한 감정이 의사결정과 동기부여에 적절하게 사용되도록 어떻게 관리해야 하는가?
- 팀원이 나의 이야기를 경청하고 의견을 나누게 하려면 어떻게 해야 할까?

3 직장에서의 변화와 적응

1) 직장에서의 변화와 전이 과정

직장에서의 변화는 유아교육기관을 둘러싼 교육정책이나 환경의 변화로 생기기도 하고 유아교육기관 내부의 구성원 이동이나 역할 변화로 생기기도 한다. 조직의 변화는 대내외 환경의 변화를 인지하는 데서 시작된다. 조직에 영향을 미치는 환경의 변화가 인지되면 이에 적응하기 위한 조직의 변화 방향과 구체적인 계획을 수립하고 우선순위에 따라 실행하며 마지막으로 실행결과와 성과를 평가하게 된다(국가직무능력표준NCS, 2015). 조직의 변화는 프로그램과 서비스, 구조, 문화 등에서 이루어질 수 있다.

예를 들어, 기관평가나 교육과정 관련 정책의 변화, 학부모나 사회의 교육요구에 따라 교육 프로그램과 서비스의 변화가 필요할 수 있다. 또한 구성원의 이직, 휴직, 복직, 승진 등에 따라 교사의 역할이 변경될 수 있으며, 지역사회에 큰 규모의 유아교육기관이 생기거나 유아 수가 감소하게 될 경우 학급 수 조정, 혼합연령반 신설 등의 구조 변화가 이루어질 수 있다.

환경 변화 인지	▷	조직의 변화 방향 수립	▷	조직의 변화 실행	▷	변화결과 평가

이러한 직장에서의 변화와 전이 과정에서 보통 두 가지 역할을 하는 사람들이 존재한다. 즉, 변화를 시작하거나 주도하는 사람들이 있고 변화에 영향을 받는 사람들이 있다.

앞서 변화를 시작하는 사람들은 주로 조직 내에서 직급이 높은 사람들인 반면, 대부분의 구성원은 변화로 인해 전이를 해야 하는 사람들이다. 구성원들이 스스로 변화하고자 한다면 변화의 주도자(Followers)가 될 수 있지만 그렇지 않으면 윗사람의 결정에 끌려가야 하는 희생자(Victim)로 느끼게 될 것이다(Feldman & Mulle, 2007).

누구나 변화를 긍정적으로 수용하고 적응해야 한다고 하지만 실제로 변화에 대한 적응이 쉬운 것은 아니다. 변화 자체가 힘들다기보다 변화로 인해 나에게 익숙하고 안정감을 주었던 상황이나 역할을 끝맺고 새로운 상황이나 역할로 옮겨가야 하는 전이 과정이 힘들기 때문이다. 조직의 변화에 관한 연구결과(서효민, 김태희, 장경로, 2015)를 보면, 구성원들이 조직의 변화를 귀찮고 불필요한 대상으로 인식하게 되면 현장에서 혁신에 대한 필요성을 지각하지 못하게 되어 새로운 프로그램을 개발하고 적용하려는 자발적 노력을 하지 않는 것으로 나타났다. 반면에 구성원들이 조직의 변화 필요성을 인식할수록, 변화를 긍정적인 시각에서 바라볼수록, 변화가 자신의 업무에 도움을 줄 수 있다고 생각할수록 혁신적인 변화의 행동이 증가한다고 보고하였다.

따라서 구성원 개인도 직장에서 경험하게 되는 변화에 대해 자신의 감정을 적절히 관리할 필요가 있지만 조직 차원에서도 소수의 리더들이 변화를 주도하기보다 구성원들과의 소통과 협의를 통해 구성원들이 변화의 주체로서 자발적으로 참여할 수 있도록 유도하는 것이 필요하다.

"스스로 변화하고자 한다면 변화의 주도자가 될 수 있지만 그렇지 않으면 윗사람의 결정에 끌려가는 희생자로 느끼게 될 것이다. 소수의 리더들이 변화를 주도하기보다 소통과 협의를 통해 구성원들이 변화의 주체로서 자발적으로 참여할 수 있도록 하는 것이 필요하다."

2) 조직의 변화관리전략

구성원들이 조직의 변화에 수동적으로 끌려가는 것이 아니라 변화의 주도자로 참여하게 하려면 어떻게 해야 할까? 직장에서의 변화에 구성원들이 잘 적응하도록 조직 차원에서 변화관리전략이 필요하다. 구성원들은 현재 우리 조직의 변화 과정과 방법에 대해 어떤 생각을 가지고 있는가? 구성원들은 현재 상황에 대해 어떻게 느끼고 있는가? 변화의 필요성만 강조하고 변화에 영향을 받는 구성원들이 어떻게 느끼고 행동할지 예측하지 못한다면 변화의 노력은 성공하기 어렵다.

따라서 조직 차원의 변화 관리를 위해서 변화에 대한 구성원들의 다양한 감정 반응을 이해하고 긍정적으로 조절할 수 있도록 정서 관리가 필요하다. 또한 구성원들과 개방적이고 진실한 의사소통이 선행되어야 하며, 변화의 내용과 방법에 대해서도 구성원들과 함께 의사결정을 하는 것이 필요하다. 이와 같이 직장에서 일어나는 변화를 구성원들이 거부하기보다 긍정적으로 받아들이도록 조직 차원에서 변화에 대한 정서 관리와 소통의 노력을 한다면 현재 근무하고 있는 직장

또한 일하기 좋은 직장, 변화에 유연한 조직이 될 수 있을 것이다.

첫째, 리더는 변화 과정에서 구성원들이 경험하는 감정반응을 이해하고 정서 관리를 해야 한다.

효과적인 변화 관리를 위해서 리더는 구성원들이 변화의 전이 과정에서 경험하게 되는 다양한 정서반응과 조직의 생산성 간의 관계를 이해하고 변화 초기에 구성원들이 경험하는 부정적 정서와 사기 저하를 관리해 주는 것이 필요하다. 즉, 리더는 변화의 초기에 조직의 사기와 생산성의 일시적인 하락을 예상하고 구성원들이 가지는 변화의 불확실성에 대한 불안과 두려움을 해소시켜 주어야 한다. 앞서 [그림 13]에서 보았던 것처럼 변화의 전이 과정에서 구성원들은 변화에 대한 개인적인 관심사나 경험, 이해 정도에 따라 양상에 차이가 있지만 대부분 기대, 불안, 좌절 등의 다양한 감정반응을 보이게 된다. 예를 들어, 2019년 개정 누리과정의 시행 초기에 현장의 교사들은 상반된 반응을 보였다. 제대로 된 유아교육이 이뤄질 것이라는 기대감을 가지기도 하고, 그동안 해 온 놀이 중심 교육이 잘못된 것인가에 대한 비판과 함께 변화의 방향에는 공감하나, 어떻게 해야 할지 모르겠다는 등 막막함과 혼란 등을 보였다(김지성, 김경철, 2021). 이처럼 변화에 대한 구성원의 반응은 다양하지만 이러한 반응들은 리더에게 구성원들의 전이를 지원하기 위해 무엇이 필요한지 정보를 제공해 준다. 따라서 정서관리전략을 통해서 구성원들의 정서 상태를 인식하고 What-if 분석을 통해 구성원 중 누가 변화를 두려워할지, 누가 화를 낼지 등을 예측하고 이해하는 과정이 필요하며, 조직 차원에서 구성원들이 가지는 당황, 불안감 등을 해소하고 변화에 대한 저항을 완화시키려는 노력이 필요하다. 구성원들이 변화에 대해 느끼는 정서반응과 정서 관리를 위한 지원내용을 정리하면 다음과 같다(Feldman & Mulle, 2007).

〈표 8〉 변화의 전이 과정에서 정서 관리

이런 감정을 느끼고 있다면?	필요한 지원
불안 (Anxious)	스킬, 훈련, 격려
좌절 (Frustrated)	공감, 필요한 자원 지원
당황 (Confused)	비전, 이유 설명
조바심, 성급함 (Impatient)	행동, 아이디어, 도전 제공
비동기화 (Unmotivated)	인센티브 제공

위와 같이 구성원들은 변화의 전이 과정에서 변화의 불확실성에 대한 불안과 두려움, 좌절 등을 경험하게 되는데 이러한 부정적 정서를 관리하기 위한 지원이 필요하다. 이를 위해 리더는 먼저 구성원들의 감정 상태를 민감하게 인식하고 구성원들이 보이는 다양한 정서반응에 대해 공감해 준다. 리더의 공감은 원활한 의사소통을 돕고 구성원들이 조직에서의 변화를 유연하게 받아들이며 변화에 저항하기보다 수용하는 데 도움이 된다.

또한 리더는 조직이 변화해야 하는 이유에 대해 충분한 설명과 정보를 제공함으로써 구성원들이 조직 변화에 대한 긍정적인 인식을 형성할 수 있도록 지원해야 한다. 특히 변화에 대한 명확한 비전과 목표를 제시하고 변화의 여건과 분위기를 조성하는 등 변화 지향적 리더십을 충분히 발휘할 수 있어야 한다. 또한 조직의 변화 과정에서 발생될 수 있는 불확실성을 줄이기 위해 구성원 개개인의 역할에 대한 구체적인 설명과 문제해결 방안을 함께 제시한다면 구성원들의 자신감을 고취시키고 조직 변화에 대한 저항을 한층 완화시킬 수 있을 것이다.

둘째, 변화 관리를 위해서 구성원들과 변화에 대한 개방적이고 진실한 의사소통이 선행되어야 한다.

조직을 둘러싼 환경은 계속 변화하고 있으며, 그 속도 또한 빨라지고 있다. 이러한 사회에서 조직의 목표를 달성하고 유지하기 위해서는 성공적인 변화가 필수적이다. 따라서 변화가 필요한 이유, 변화로 인해 생길 수 있는 구성원 개인의 성장과 조직의 이익뿐 아니라 예상되는 문제점에 대해서도 구성원들과 의사소통함으로써 변화의 주체인 구성원들이 조직의 변화에 대해 이해하고 미래에 대한 긍정적인 기대를 갖도록 해야 한다.

셋째, 구성원들이 변화의 내용과 방법에 대한 의사결정에 참여해야 한다.

조직의 변화를 위해 누가, 무엇을, 언제, 어떻게 할 것인가에 대한 변화의 내용과 방법을 결정하는 데 있어서 구성원들이 참여할 수 있어야 한다. 중요한 점은 학교나 유아교육기관이 무엇을 하려는지 전달하는 것이 아니라 변화를 어떻게 하려고 하는지 구성원들과 소통하고 의사결정을 함께하는 것이다. 리더나 소수 경영진의 일방적인 결정과 전달이 아니라 구성원들과 함께 조직의 변화에 대해 의사결정할 때 구성원들의 저항감을 줄이고 자발적 참여를 유도할 수 있으며 시너지 효과도 나타날 수 있다.

3) 직장에서의 변화 적응하기

직장에서의 변화는 예측하기 어렵고 불가피한 것이다. 유아교육기관을 둘러싼 환경 변화로 예상치 못한 변동이 계속 생길 때 어떻게 적응할 수 있을까? 진행 중인 업무나 역할이 계속 변경되면 어떻게 대처할 것인가? 구성원들이 조직에서의 변화를 유연하게 받아들이고, 변화에 저항하기보다는 조직의 성장과 발전을 위해 필요한 것이라는 수용적인 태도를 갖는 것이 필요하다. 아래 활동과 생각 나누기의 사례들을 보면서 직장에서의 변화요구에 대해 어떻게 대처하고 적응할 것인지 생각해 보면서 변화관리역량을 향상시킬 필요가 있다.

활동 직장에서의 변화요구와 대처방안

■ 아래 사례를 보면서 직장에서 이러한 변화를 경험한다면 어떤 생각과 감정을 느끼게 될 것인지, 변화요구에 어떻게 대처하고 적응할 것인지 이야기 나눠 보세요.

사례1 A주임교사는 내년 우리 어린이집의 운영계획서를 작성하고 있는데 원장님이 새로운 사업을 첨가하자고 하셨다. A교사는 원장님의 수정사항을 내년도 운영계획에 모두 반영하는 것은 현실적으로 불가능하다고 생각하여 원장님과 논의 중이다.

교사: 원장님께서 말씀하신 것을 다 반영하는 데 좀 무리가 있습니다.

원장: 무리라니요. 내년 운영계획에 '열린 어린이집' 참여 신청을 하는 것이 무리인가요?

교사: 내년에는 5월에 평가제가 있고 2학기에는 공개수업, 운동회, 크리스마스 행사 등이 예정되어 있어서 거기에 열린 어린이집 신청까지 하는 것은 힘들 것 같습니다.

원장: 알아요. 그렇지만 작년에도 미룬 일이잖아요. 열린 어린이집에 선정되면 어린이집에 여러 모로 도움이 될 테니 내년에 우리 원이 참여해 보면 좋겠어요.

사례2 작년에 주임교사의 퇴직과 교사들의 이동으로 올해 초임교사들이 많이 들어왔고 나는 주임교사가 되었다. 이제까지 아이들과 함께 무엇을, 어떻게 수업할지에 대해서만 생각을 했는데 갑자기 교사들과의 관계에도 관심을 가져야 하는 입장이 된 것이다. 원장님은 교사들에게 하고 싶은 말이 있을 때는 나에게 말씀하셨고 선생님들도 원장님께 건의할 것이 있으면 나에게 말하는데 의견조율이 잘 되지 않으면 양쪽 모두 나에게 불만을 표현했다.
또한 주임교사의 일에는 선이 없는 것 같다. 초임선생님의 수업도 봐 줘야 하고 원장님이 안 계신 날에는 전화도 받고 공문도 작성하고 회계도 하고….
내가 해야 하는 업무가 너무 광범위해서 혼란스럽다.

생각나누기

최근 직장에서 경험한 조직(교육환경)의 변화는?

직장에서 아래와 같은 변화를 경험한다면 What-if 분석을 통해 우리 원의 교직원들이라면 어떻게 느끼거나 반응할지 예측하고, 변화에 적응하기 위해 어떻게 대처할 것인지 적어 보세요.

저출생으로 인해 매년 유아 수가 조금씩 줄어드는 추세에서 우리 원도 드디어 우려하던 일이 일어났다. 올해 원아모집이 원활하게 되지 않아 학급편성에 문제가 생겼다. 단일연령으로 학급편성을 하기에는 유아 수가 부족해 혼합연령으로 학급편성을 해야 하는 상황이 되었는데, 혼합연령학급을 1년 동안 내가 운영하게 되었다. 혼합연령학급을 운영해 보지 않아 걱정이 되기도 하고, 자신이 없어 원장님과 상의를 하였는데 원장님께서는 연수 지원, 보조교사 지원 등을 이야기하시며 나에게 혼합연령학급을 부탁하셨다. 하지만 나는 이 혼합연령학급을 잘 운영할 수 있을지 걱정이 앞서 새학기 준비하는 것에 어려움을 느끼고 있다.

- ____________이라면 느끼는 감정이나 반응은?
- 변화에 적응하기 위해 어떻게 대처해야 할까요?

코로나19로 인해 아이들이 유치원(어린이집)에 오지 못하는 날이 많아졌다. 원아들의 수업 공백을 줄이기 위해서 우리 원에서는 교사회의를 통해 원아들이 유치원(어린이집)에 오지 못하는 상황을 고려하여, 비대면 원격수업을 진행하기로 하였다. 하지만 나는 원격수업 운영은 처음이고, 유아들을 대상으로 원격수업이 가능할지 걱정도 앞섰다. 옆 반 선생님은 컴퓨터의 다양한 기능을 사용하여 새로운 수업도 능숙하게 준비하고 있었지만, 나는 컴퓨터를 잘 다룰 줄 몰라 수업 준비를 어떻게 해야 할지 고민이다.

- ____________이라면 느끼는 감정이나 반응은?
- 변화에 적응하기 위해 어떻게 대처해야 할까요?

생각실천하기

최근 직장에서 경험하고 있는 나의 변화는?

최근 어린이집(유치원)에서 경험하고 있는 가장 큰 변화는 무엇인가요? 새로운 역할을 맡게 되는 경우, 진행 중인 업무나 역할이 계속 변화되는 경우 어떻게 대처할 것인지 생각해 보세요. 나의 변화 경험 사례를 적고, 변화의 전이 과정에서 나의 생각, 관점, 역할 중 끝내야 할 것과 새로운 시작을 위해 필요한 것이 있다면 무엇인지 생각해 보세요.

- 이 변화상황에서 어떤 생각과 감정을 가졌나요?

- 변화에 적응하기 위해 어떻게 대처해야 할까요? 전이 과정에서 끝내야 할 것과 새로운 시작을 위해 필요한 것이 있다면 무엇일까요? 일상에서 실천해 보고 관찰해 보세요.

참고문헌

강우규, 한인수, 박미란(2017). 공공조직에서의 변화지향 조직시민행동에 관한 연구: 변화몰입의 매개효과 및 변화저항의 조절효과 분석. 충남대학교 대학원 박사학위 논문.

국가직무능력표준(NCS) (2015). 기초직업능력 프로그램: 조직이해능력. 울산: 한국산업인력공단. http://www.ncs.go.kr/ 에서 인출.

국립국어원(2021). 표준국어대사전. https://stdict.korean.go.kr/main/main.do 에서 인출.

김지성, 김경철(2021) 개정 누리과정 실행과정에서 교사들의 놀이 보기(seeing)의 어려움과 다시 보기를 통한 배움. 유아교육연구, 41(4), 231-263.

서효민, 김태희, 장경로(2015). 스포츠센터 강사들의 조직공정성 인식과 조직변화저항, 혁신행동의 영향관계. 한국스포츠산업경영학회지, 20(4), 51-65.

정재상(2019). 애자일 컴퍼니: 변화에 민첩한 기업이 되는 5가지 원칙. 서울: 클라우드나인.

Bridges, W.(1980). *Transitions: Making Sense of Life's Changes*. Philippines: Addison-Wesley.

Caruso, D. R., & Salovey, P.(2009). 사람과 조직을 끌어당기는 하트스토밍. (함규정 역). 서울: 이지출판. (원저 2004년 출판)

Feldman, J., & Mulle, K.(2007). *Put emotional intelligence to work*. Virginia: ASTD Press.

Kübler-Ross, E.(1969). *On Death and Dying*. New York: Macmillan.

기사 및 동영상

CEO의 세심록(2015). 관점에 색을 입혀라. https://youtu.be/3cGoj3vck8s. 에서 인출.

CHAPTER

06

팀의 정서 이해하기

• • • 학습목표

- 개인의 정서와 팀의 정서, 업무 성과 간의 상호관계를 이해한다.
- 팀과 팀원의 정서를 민감하게 인식하고 효과적으로 소통, 공감하는 능력을 기른다.
- 팀의 정서 이해를 위해 팀원의 감정을 예측하는 방법을 알고 연습한다.

직장에서 조직 구성원들은 매일 다양한 정서를 경험한다. 직장 상사가 칭찬을 하면 기분이 좋고, 질책을 하면 의기소침해지며 개인의 정서가 팀 전체의 사기와 분위기에도 영향을 미쳐서 업무 성과가 달라지기도 한다. 즉, 개인의 정서는 조직 내 관계 안에서 조직(팀)의 정서에 상호영향을 미치게 되고 이러한 팀의 정서는 조직의 업무 성과에도 영향을 미치게 된다.

이런 맥락에서 유아교육기관에서 팀의 정서를 이해하는 역량은 교직원들과의 관계, 팀의 분위기, 팀의 성과에 영향을 미치는 중요한 능력이다. 정서인식 역량이 뛰어난 팀과 팀 구성원들은 감정적 유대감, 애정, 신뢰 등의 감정을 바탕으로 서로 소통하고 공감할 수 있고, 팀의 업무수행능력을 향상시킬 수 있기 때문이다. 따라서 팀 구성원들이 서로의 감정 경험에 대해 이해하고 표현하는 방법을 공유함으로써 끊임없이 감성적으로 원활한 업무환경을 만들어 나가는 것이 필요하다.

운영Tip

팀의 정서 이해하기에서는 개인의 정서와 팀의 정서, 업무 성과 간의 관계를 이해하고 팀 구성원과 팀 전체의 감정을 민감하게 인식하며 효과적으로 소통, 공감하는 방법을 연습할 수 있도록 운영한다.

- 〈생각열기〉를 위한 물음을 중심으로 구성원들이 느끼는 팀과 조직의 분위기, 팀원들의 정서표현 특성 등에 대해 이야기 나누며 '팀의 정서 이해'라는 주제에 대해 관심을 가지며 생각을 공유한다.
- 〈생각채우기〉에서는 팀 전체와 구성원 간의 정서인식과 공감, 감정의 전염 현상, 업무수행과의 관계에 대한 이해를 위해 관련 기사와 동영상을 시청하면서 주요 내용을 학습한다. 또한 감정 전염을 경험했던 사례들을 공유하고, 교직원들과 효과적인 공감표현 방법에 대해 사례별 토의와 역할극을 하면서 연습한다.
- 〈생각나누기〉에서는 What－if 분석을 통해 교직원들의 감정을 예측해 봄으로써 자신과 팀원, 팀 전체의 감정을 효과적으로 관리할 수 있도록 사례별 토의를 실행한다.
- 〈생각실천하기〉에서는 학급과 조직의 분위기 개선을 위해 내가 퍼뜨리고 싶은 긍정 정서가 있다면 무엇인지 생각해 보고, 일상에서 긍정 정서 바이러스를 언어적, 비언어적으로 전파하고 변화를 평가해 본다.

생각열기

〈생각열기〉를 위한 물음들을 중심으로 교직원들이 자유롭게 이야기할 수 있는 분위기를 조성한다. 구성원들 각자가 느끼고 생각하는 조직(팀)의 분위기나 교직원들의 정서표현 특성은 다를 수 있으므로 구성원들의 생각을 평가하기보다 관심을 가지고 공유한다.

〈생각열기〉를 위한 물음

- 내가 일하는 어린이집(유치원)의 분위기는 어떠한가요?
- 우리 조직(팀)의 사람들은 주로 어떤 정서표현을 더 많이 하나요?
- 우리 조직(팀)의 사람들은 다른 팀원의 정서에 관심을 가지고 이해하려고 하나요?

1 타인정서인식과 공감표현

1) 타인정서인식의 개념

타인정서인식은 타인의 정서를 공감하고 이해하는 능력으로, 타인의 감정, 느낌이나 타인이 처해 있는 상황을 이해할 수 있음을 의미한다(Goleman 외, 2003). 타인의 정서를 공감한다는 것은 다른 사람의 얼굴 표정이나 태도를 올바르게 해석하고 상대방의 시선에서 상황을 바라보고 상대방의 감정을 예견할 수 있다는 것을 전제로 한다. 이러한 타인정서인식은 타인의 감정 상태를 파악하고 타인이 처한 상황을 이해함으로써 타인의 감정을 공감하고 원활하게 소통하게 하며 원만한 인간관계를 형성하는 데 기초가 된다. 학자들의 타인정서인식에 대한 개념 정의를 살펴보면 다음과 같다.

- **조혜진, 최내리(2019)** 타인정서인식은 개인 차원의 정서역량으로 타인의 감정이나 느낌, 사고, 관점에 대해 이해하고 적절히 반응하며 다양성을 존중하는 능력이다.
- **하은옥(2008)** 타인이 느끼는 것을 인식할 뿐만 아니라 효과적으로 대인관계를 맺어 나가는 능력이다.
- **Goleman(1998)** 자신과 타인의 감정을 잘 인지하고 이를 토대로 자신의 생각과 행동을 결정하며, 인간관계를 부드럽게 이끌 수 있는 능력이다.
- **Kress & Elias(2006)** 타인의 감정 상태, 타인의 상황 등을 이해하고 역지사지의 마음을 갖는 능력이다.

이런 맥락에서 유아교사의 타인정서인식은 유아나 동료 교사, 부모들의 감정, 욕구, 상황을 이해하는 능력으로, 타인정서인식이 높다는 것은 다른 사람의 얼굴 표정이나 태도를 올바르게 해석하고 그들의 시선에서 상황을 바라보고 그들의 감정을 예견할 수 있다는 것을 의미한다(조혜진, 2021). 만약 교사가 상대방이 보내는 감정 신호를 제대로 알아차리지 못하고 잘못된 해석을 하게 되면 정서적 오해가 생기고 인간관계에 부정적인 영향을 미칠 수 있다. 즉, 타인의 정서를 정확하게 인식하는 능력은 상호 신뢰의 기본이며, 직장생활에서 성공하기 위한 중요한 능력이라 하겠다. 따라서 다른 사람이 보내는 감정 신호를 잘 읽으려면 상대방이 보내는 언어적, 비언어적 감정 단서들을 주의 깊게 관찰하고 민감하게 인식하며 상대방의 관점에서 타인의 감정을 이해하고 존중하는 태도가 필요하다.

2) 공감표현 수준

공감이란 타인의 사고나 감정을 자기의 내부로 옮겨 넣어, 타인의 체험과 동질의 심리적 과정을 만드는 것을 의미한다(두산백과사전, 2021). 즉, 공감은 우리가 상대방의 눈으로 사물을 보는 것과 같이 상대방이 지니고 있는 생각과 느낌의 틀을 이용하여 그 사람의 생각과 감정을 이해하는 것이다. 유아교사에게 있어 공감의 중요성에 대해 살펴보면(조혜진, 2021), 정서적 차원에서 공감은 상대방이 나를 존중하고 있으며 자신을 가치 있고 중요한 존재로 생각하고 있다고 느끼게 함으로써 치유가 되는 의사소통이다. 또한 공감은 '다른 사람의 입장에서 볼 수 있는 능력'으로 인간관계에서 섭섭한 마음이 들거나 갈등상황일 때 부모, 동료 교사, 원장의 입장에서 문제를 바라보고 상대의 감정이나 시각을 이해하는 데 도움이 되기 때문에 직장에서 원만한 인간관계를 형성하고 유지하는 데 중요한 능력이다.

이러한 공감적 이해는 듣는 사람이 상대방의 입장이 되어 그의 주관적인 세계를 이해하는 것으로, 공감적 이해의 수준은 인습적 수준, 기본적 수준, 심층적 수준으로 구분할 수 있다(국가직무능력표준NCS, 2015).

- **인습적 수준의 공감**
  - 상대방의 말을 듣고 반응을 하기는 하지만 자신의 생각이나 자기주장의 말을 하는 것이다. 상대방의 이야기를 듣고 난 후 주로 설익은 조언이나 상투적인 충고를 하기 때문에 상대방의 생각이나 느낌과는 동떨어져 공감적 의사소통을 하지 못하는 경우이다.

• **기본적 수준의 공감**

– 상대방의 행동이나 말에 주의를 기울여 상대방의 현재 마음 상태나 전달하려는 내용을 파악하고 그에 맞는 반응을 보이는 것이다. 상대방의 감정에 동의하는 말을 하거나 상대방의 의견을 재진술, 요약하여 반응하는 것이다. 공감적 이해를 위해 대화훈련 프로그램에서는 상대방이 한 말을 듣고 반복해서 이야기를 해 주는 '미러링(mirroring)', '앵무새 놀이', '그랬구나' 등의 활동을 하게 되는데 기본적 수준의 공감표현을 하는 데 도움이 된다.

• **심층적 수준의 공감**

– 상대방이 언어적으로 표현한 내용뿐만 아니라 상대방이 진정으로 말하고 싶었지만 쉽게 표현하지 못한 내면적 감정, 사고를 인식하고 이를 왜곡 없이 표현하는 것이다. 심층적 수준의 공감은 깊은 수준에서의 공감을 의미하며, 문제해결뿐 아니라 대인관계도 깊이 있게 발전시킬 수 있는 공감표현이라고 할 수 있다.

활동 공감 수준 이해하기

■ **아래 동영상 자료를 보면서 '기본적 수준의 공감'과 '심층적 수준의 공감'에 대해 이야기 나눠 보세요.**

① 대화법 '그랬구나' 동영상을 함께 보면서 '기본적 수준 공감표현' 방법을 이해하고, 공감을 방해하는 요인이 무엇인지 이야기 나눠 보세요.

◉ 자기야 부부캠프–기적의 부부대화법(그랬구나_문천식부부편)
http://m.site.naver.com/0ShgG

② 〈응답하라 1994〉 동영상을 함께 보면서 '심층적 수준의 공감표현'에 대해 이야기 나눠 보세요.

◉ 응답하라 1994(나정의 여심테스트_하숙집 남자 5인의 대답은?
https://youtu.be/AEFuvcmonVA

2 팀의 정서 이해하기

1) 팀 정서 이해

팀의 정서역량은 개인뿐만 아니라 팀(조직)에도 나름의 정서와 욕구가 있으며 집단적 행동방식이 따로 존재한다는 가정에 기초한 것이다(Goleman et al, 2003). 이에 대해 Cherniss와 Goleman(2001)은 팀(조직)의 정서를 구성원들이 조직적 또는 맥락적 수준의 요인으로부터 형성된 개인 수준의 정서들이 공유되고 상호작용하는 과정에서 구성된 결과라고 보았다. 또한 팀(조직)의 정서가 조직 내 관계 안에서 조직 구성원들의 개인 정서와 상호영향을 주고받으면서 조직효과성 전반에 영향을 미친다고 주장하였다[그림 14].

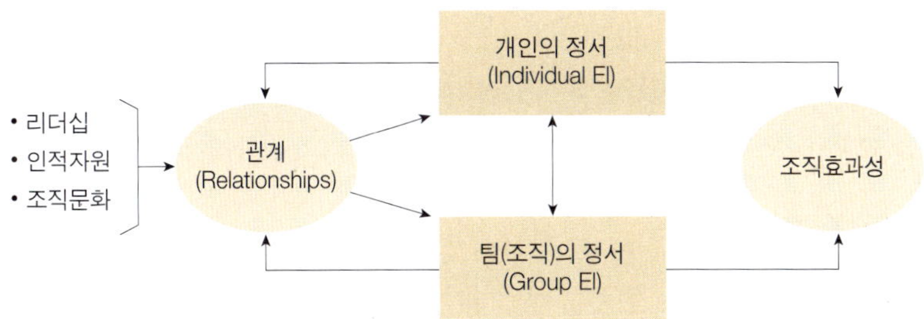

[그림 14] 정서와 조직효과성

출처: Cherniss, C., & Goleman, D. (2001). The emotionally Intelligent Workplace. San Franisco, CA: Jossey-Bass. p. 8 인용.

그렇다면 팀의 정서를 이해한다는 것은 무슨 의미일까? 조직에서 개인의 정서와 팀의 정서는 상호역동적으로 영향을 주고받으며, 이러한 팀의 정서가 팀 구성원은 물론 팀의 업무 성과에도 영향을 줄 수 있음을 이해하는 것이다. 팀의 정서 인식 역량에 대한 학자들의 개념 정의를 살펴보면 다음과 같다.

- **강윤진(2014)** 집단감성을 관리하고 조절하는 능력으로 팀 구성원들의 감정을 인식하고 표현할 수 있도록 환경과 분위기를 조성하는 능력이다.
- **전주영 외(2014)** 팀의 감정 상태와 그 감정의 원인에 대해 이해하고, 팀의 감정 상태가 팀과 동료 팀원들의 업무수행에 미치는 영향력을 인식하여, 동료 팀원들의 느낌, 생각, 행동, 요구 등을 이해하고 적절하게 반응하는 능력이다.
- **조혜진, 최내리(2019)** 팀 업무의 부분으로서 감정의 중요성을 인식하고, 원활한 업무수행을 위해 팀 구성원과 팀 전체의 감정 상태에 민감성을 가지고 이해하는 능력이다.
- **Druskat & Wolff(2001)** 팀 수준의 정서인식 역량은 팀 스스로 팀의 감정 상태를 평가하고 외부로부터 피드백을 얻음으로써 팀의 정서를 인식하는 역량이다.

이상의 내용을 정리하면, 팀의 정서인식 역량은 팀 구성원과 팀 전체의 감정 상태에 민감성을 가지고 이해하는 능력을 의미한다. 또한 팀 내에서 개인들이 경험하는 감정은 다양한 경로를 통해 구성원들의 태도와 업무처리 방식에 영향을 주고 성과로 연결되기 때문에 조직 내에서 구성원들의 감정을 단지 개인의 문제라고 여기기보다 조직 차원에서 이를 잘 관리할 필요가 있다. 팀원들의 사소한 감정들을 평소에 감지하지 못한다면 업무 중 불필요한 갈등이 일어날 수 있고 부정적 감정이 팀과 조직 전체의 분위기나 성과에 영향을 줄 수 있기 때문이다.

“팀 내에서 개인의 정서는 다양한 경로를 통해 구성원들의 태도와 업무처리 방식에 영향을 주고 성과로 연결되기 때문에 구성원들의 감정을 단지 개인의 문제라고 여기기보다 조직 차원에서 관리가 필요하다.”

2) 정서의 전염 현상

직장 내에서 구성원들이 느끼는 다양한 감정들은 마치 감기 바이러스처럼 조직 내 보이지 않게 퍼지면서 함께 일하는 동료나 조직 분위기에 영향을 미치게 된다. 이러한 감정의 확산을 심리학에서는 감정의 전염(emotional contagion)이라고 한다. 감정의 전염이란 다른 사람의 얼굴 표정, 말투, 목소리, 자세 등을 자동적이고 무의식적으로 모방하고 자신과 일치시키면서 감정적으로 동화되는 경향을 의미한다(Hatfield, Cacioppo & Rapson, 1992). 이런 감정의 전염은 잔물결 효과(ripple effect)로도 비유되는데 호수에 돌을 던지면 수면에 잔물결이 퍼지는 것처럼 직장에서 누군가의 감정표현이 팀 내에 널리 퍼지면서 확산되는 것이다. 직장에서 감정의 역할을 연구한 결과에 따르면, 리더의 감정뿐 아니라 팀원들이 느끼는 감정이 팀 전체의 분위기와 성과에 영향을 미친다고 보고하고 있다(Caruso & Salovey, 2009).

그렇다면 직장 내에서 쉽게 볼 수 있는 감정 전염의 유형에는 어떤 것이 있을까? 크게 리더가 일으키는 감정 전염과 구성원이 일으키는 감정 전염으로 나누어 볼 수 있다(송주헌, 2012.8.8.). 흔히 볼 수 있는 감정 전염의 유형은 리더의 감정이 조직 내에 전염되는 것이다. 대부분의 구성원들은 리더의 감정 상태에 특히 민감하고 리더의 표정, 말, 행동 하나하나에 주의를 기울이기 때문에 리더의 감정에 쉽게 영향을 받을 수 있다. 만약 리더가 불같이 화를 내거나 위협적인 어조로 업무를 지시하게 될 경우 리더의 감정이 순식간에 구성원들에게 전염되기 쉽다. 즉, 리더로 인한 감정의 전염은 눈에 잘 띄고 직접적이라는 특성을 가지고 있다. 반면 일반적으로 팀원은 조직 내에서 리더에 비해 감정표현의 수위가 낮고 눈에 잘 드러나지 않기 때문에 감정의 전염을 감지하기 쉽지 않다. 그럼에도 불구하고 팀원의 부정적인 감정표현은 잔물결처럼 팀 전체에 널리 퍼지며 확산될 수 있다. 예를 들어, '하기 싫어' '대충 해' '안 될 것 같아' 등의 말을 자주 한다든지 항상 짜증을 내거나 무기력을 표출하는 구성원은 알게 모르게 주변 동료나 팀 전체에 서서히 무기력증을 유발하거나 도전정신을 저하시킬 수 있다. 따라서 리더와 구성원 모두 조직에서 감정의 전염 현상에 대해서 이해하고 조직에서 부정적인 감정적 기류나 문제가 발생하기 전에 미리 감지하고 대비하는 것이 필요하다.

**“직장에서 구성원들이 느끼는 감정은
마치 감기 바이러스처럼 퍼지면서 함께 일하는 동료나
조직 분위기에 영향을 미치게 된다.
'안 돼, 싫어, 대충 해' 등과 같은 팀원의 부정적인 감정표현은
잔물결처럼 팀 전체로 확산될 수 있다.”**

[신문기사자료]

「구성원들의 부정적 감정, 전염성 높다」

현대 직장인들은 성과에 대한 압박, 높은 업무량, 치열한 경쟁, 인간관계 등으로 인해 스트레스와 피로도가 높다. 다시 말해 많은 직장인이 스트레스로 인한 우울, 분노, 불안, 좌절, 권태 등의 부정적인 감정들을 쉽게 경험하는 것으로 나타났다. 그런데 문제는 구성원들이 느끼는 부정적 감정들이 바이러스처럼 조직 내 보이지 않게 퍼지면서 조직의 전반적인 분위기에 영향을 미친다는 점이다.(중략)

와튼 비즈니스 스쿨의 바르세이드(Sigal Barsade) 교수는 구성원들의 감정은 '섬처럼 동떨어져 있는 것이 아니다.' 라고 주장했다. 구성원들은 '감정 유발자' 로서 자신의 감정을 타인에게 끊임없이 퍼뜨리고, 타인의 감정에 영향을 받는다. 특히 그룹으로 일할 때 구성원들의 감정은 바이러스처럼 함께 일하는 동료들에게 전염된다고 말하며, 조직 내 감정 전염의 위험성에 대해 강조했다. 특히 부정적 감정의 전염에 주목할 필요가 있는데, 한 실험을 통해 팀원 한 명이 일으키는 부정적 감정의 전염에 대해서 설명하였다. 그녀의 연구진은 실험 참가자들을 팀별로 나누어 연말 보너스에 대한 토론을 시키고 관찰했다. 참가자들의 역할은 직원들을 위해 보너스를 더 많이 받을 수 있도록 협상을 하는 것이었다. 이때 팀원 중 한 명으로 고도로 훈련된 배우를 몰래 합류시키고 부정적 또는 긍정적인 감정 상태를 연기하도록 했다. 한 팀에서는 몰래 투입된 배우가 긍정적인 감정을 표출하며 즐거운 분위기를 조성했고, 다른 한 팀에서는 부정적인 감정만 표출하며 분위기를 우울하게 몰아갔다. 긍정적인 분위기가 형성되었던 집단은 다른 집단에 비해 협상을 하는 가운데 갈등도 적었고 서로 협력도 원활하게 일어났다. 그러나 놀라운 것은 대부분의 참가자들이 이 배우의 감정 표출로 인한 감정의 전염 효과를 인식하지 못했다는 것이다.

시카고 대학의 존 카시오포(John Cacioppo) 심리학과 교수 또한 부정적인 감정이 긍정적인 감정보다 전염성이 높다고 주장했다. 그의 연구에 따르면 공포, 슬픔 등의 부정적 감정은 즐거움 등의 긍정적인 감정보다 인간의 생존 본능에 직접적으로 연결되어 있기 때문에 감정 표출도 더 크게 나타나고, 주위 사람들도 지신의 생존 위협을 감지하며 부정적 감정에 더 민감하게 반응한다는 것이다. 사람들은 동일한 상황에 속해 있는 타인이 어떤 방식으로 감정을 표현하는지 살피고 이것을 토대로 삼아 자신의 감정을 조절한다. 구성원의 부정적인 감정은 잔잔한 물결처럼 널리 퍼지며 확산된다. 부정적인 감정이 형성되고 확산되는 것을 막기 위해서는 구성원 개개인의 감정에도 관심을 가질 필요가 있다. 특히 부정적인 감정의 확산을 알리는 시그널을 주의 깊게 살피는 것이 중요하다.

출처: 송주헌(2012.08.08.). '구성원들의 부정적 감정, 전염성 높다'. LG경제연구원.

3) 팀의 정서가 업무수행에 미치는 영향

직장에서의 팀원들의 감정은 팀의 성과에 어떤 영향을 미칠까? 화가 업무수행에 미치는 영향을 살펴본 실험(EBS, 2014)에서는 화가 난 지시자와 중립적인 지시자가 각각 업무를 진행했을 때 실험에 참여한 대학생들의 반응과 성과에 차이가 있는 것으로 나타났다. 화가 난 지시자의 그룹이 중립적 지시자의 그룹보다 아이디어의 총 개수는 두 배 정도 많았지만 창의적인 아이디어 개수는 두 그룹 모두 비슷하게 나타났다. 결과적으로 화가 난 지시자 그룹의 참가자들은 불안, 긴장 등을 경험했기 때문에 겉으로 보기에 성과가 많아 보이도록 결과를 제시하는 것을 볼 수 있었다. 이러한 결과를 볼 때 직장에서 화를 내는 것이 실제로 업무수행에 도움이 되는지, 인간관계에 도움이 되는지 생각해 볼 필요가 있다.

감정이 격해 있을 때, 특히 그것이 '화' 와 같은 감정일 경우에 즉시 감정을 표현하는 것은 사태를 악화시킬 위험이 크기 때문에 조금이라도 여유를 갖는 것이 필요하다. 분노란 이유가 있어서 생기는 감정이기 때문에 억누르거나 무시해서는 안 되지만 올바른 대상에게 올바른 목적으로, 적절한 정도로, 적절한 시간에 화를 표현하는 것이 필요하다(조혜진, 2021). 적절한 방법으로 화를 표현한다면 상대방은 나의 감정을 이해하고 사태의 심각성을 깨닫게 되지만, 지나치게 화를 내거나 잘못된 타이밍에 화를 낸다면 팀원들은 심각하게 받아들이지 않거나 역효과가 날 수 있다. 화를 적절히 관리하고 의도적으로 사용할 수 있다면 팀의 업무나 관계를 개선하는 결과를 얻을 수 있다(Bradberry & Greaves, 2013).

활동 **팀의 정서가 업무수행에 미치는 영향**

- **아래 동영상 자료 '당신이 진짜 화내는 이유'를 보면서 팀 업무 중 팀원이 화를 내었을 때 나에게 미쳤던 영향이나 반대로 팀이 협력하여 업무를 할 때 느꼈던 감정에 대해 이야기 나눠 보세요.**

〈EBS 다큐프라임〉 '당신이 화내는 진짜 이유' 동영상
https://youtu.be/qOuNMyTfGQY

3 팀의 정서인식 및 What-if 분석

효과적으로 팀원과 팀의 정서를 관리하기 위해서는 개개인이 직장생활에서 느끼는 정서, 특히 장기간 지속되는 정서들을 파악해서 긍정적 정서는 배가시키고, 부정적 정서는 효과적으로 조절하는 조직 차원의 개입이 필요하다(박동건 외, 2006). 즉, 조직 내에서 부정적 감정이 형성되고 확산되는 것을 막기 위해서는 구성원 개개인의 감정에도 관심을 가질 필요가 있다. 업무 강도가 높고 스트레스가 높은 구성원들은 부정적인 감정에 휩싸여 업무에 임할 수 있고 자신도 모르는 사이에 부정적인 감정을 전파하는 가해자 또는 심리적 상태에 영향을 받는 피해자가 될 수도 있는 것이다(송주헌, 2012.8.8.). 따라서 구성원들에게 자신의 감정을 돌아볼 수 있는 기회를 제공하여 내면을 살펴봄으로써 일터와 업무로부터 형성된 부정적인 감정을 순화시킬 수 있도록 할 필요가 있다. 또한 팀 또는 조직 내 감정의 형성과 확산에 있어 리더의 역할이 크기 때문에 리더도 자신의 감정을 인식하고 알맞게 표현하는 능력과 타인의 감정을 공감하는 능력을 기르는 것이 필요하다.

아래의 활동을 통해 조직에서 발생할 수 있는 가정적 상황에서 수준별 사례를 통해 인습적 수준, 기본적 수준, 심층적 수준의 의미를 이해하고 공감을 표현하는 방법을 연습해 본다. 또한 〈생각나누기〉에서는 'What-if 분석'을 적용하여 팀원의 감정을 예측해 보고, 지원방안을 함께 생각해 볼 수 있다. 조직 내에서 나와 팀원의 감정을 예측하고 이해하기 위한 방법으로 'What-if 분석'이 있다. 'What-if 분석'은 컴퓨터 프로그래밍 및 산업 등 다양한 분야에서 사용되고 있으며, 특정 상황에서 팀원의 감정을 예측해 봄으로써 팀 내에서 갈등이나 부정적인 영향을 최소화하기 위한 대책을 세울 수 있는 분석방법이다(Caruso & Salovey, 2009). 감정을 예측하고 이해하는 능력은 상대방이 왜 그렇게 행동하는지에 대한 정보를 제공한다. '○○하게 되면 어떻게 느낄까?' '팀원들은 어떻게 반응할까?'라는 가정적 질문을 통해 나와 팀원들의 감정과 반응을 예측하고 문제해결을 위한 보다 나은 전략과 계획을 세우는 데 도움을 줄 수 있다.

활동 직장 내 관계 안에서 공감 표현하기

- **이럴 때 상대방의 속마음은 어떨까? 아래 제시된 인습적 수준의 반응을 보고 대안적 공감반응(기본적 수준의 반응, 심층적 수준의 반응)에 대해서 생각해 보세요.**

상황 1

나는 부모참여수업에서 실수도 많이 하고 생각했던 것보다 부모님들의 반응이 좋지 않아서 주임교사에게 "선생님, 부모참여수업이 생각보다 잘 이루어지지 않아 속상해요."라고 말했다.

– 인습적 수준의 반응: "선생님이 준비를 좀 더 철저히 하셨어야지요."

– 대안적 공감반응: ____

____

____

상황 2

어린이집 평가제(유치원평가)를 마치고 나서 모든 교직원이 녹초가 되었다.
처음 평가제에 참여한 나는 선생님들에게 "평가제 준비가 너무 힘들었어요."라고 말했다.

– 인습적 수준의 반응: "선생님이 담당한 부분은 다른 선생님에 비해 적었잖아요."

– 대안적 공감반응: ____

____

____

생각나누기

'What-if 분석'을 통해 팀원의 감정 예측하고 공감하기

이럴 때 우리 어린이집(유치원) 교직원들은 어떻게 느낄까? 다음의 상황을 읽고, 교직원 중 이러한 상황이라면 ○○○은 어떻게 느끼거나 반응할지 예측하여 적어 보세요. 이와 함께 어떻게 팀원의 감정을 공감하고 지원할 것인지 생각해 보세요.

상황 1

오늘 김교사는 같은 반을 맡고 있는 주임교사가 임신으로 1년 동안 육아휴직을 할 것이라는 이야기를 원장님으로부터 들었다.

• 이런 상황이라면 김교사(주임교사)는 어떻게 느낄까? 어떻게 공감하고 지원할까?

상황 2

우리 기관이 올해 지역 내 대표유치원(어린이집)으로 공개수업을 담당해야 한다.

• 이런 상황이라면 원장님(담당교사)은 어떻게 느낄까? 어떻게 공감하고 지원할까?

상황 3

원장은 연말평가회의 때 주임교사 승진 대상자인 두 교사에게 부정적인 평가결과를 알리고, 주임교사 추천을 하지 않을 생각이다. A교사는 주임교사 승진을 기대한 상황이고, B교사는 자신의 인사평가결과가 좋지 않을 것이라고 예상하고 승진을 기대하지 않는 상황이다.

• 이런 상황이라면 A교사(B교사)는 어떻게 느낄까? 어떻게 공감하고 지원할까?

생각실천하기

나의 긍정 바이러스

일상에서 우리는 자신도 모르게 부정 정서를 전파하기도 하고 긍정 정서를 전파하기도 합니다. 나와 교직원들의 정서가 학급과 조직 분위기를 어떻게 전염시키는지 또는 학급과 조직 분위기에 의해 어떻게 전염되는지 관찰해 보세요. 또한 내가 학급과 기관에 퍼뜨리고 싶은 긍정 바이러스가 무엇인지 생각해 보고, 어떻게 전파시킬지 계획하고 실천해 보세요.

- 일상생활에서 나도 모르게 전파하는 긍정 정서와 부정 정서가 있다면 무엇인가요?

- 일상생활에서 내가 우리 학급, 기관에 퍼뜨리고 싶은 긍정 바이러스가 있다면 무엇인가요?

- 나의 긍정 바이러스를 언어적, 비언어적으로 어떻게 전파시킬지 계획하고 실천해 보세요.

참고문헌

강윤진(2014). 감성역량의 모델 및 측정도구 개발에 관한 연구. 한양대학교 대학원 박사 학위논문.

국가직무능력표준(NCS)(2015). 기초직업능력프로그램: 의사소통능력. 울산: 한국산업인력공단. http://www.ncs.go.kr/에서 인출.

두산백과사전(2021). 두피디아. www.daoopedia.co.kr에서 인출.

박동건, 최대정, 이은정(2006). 조직 감성역량 키우기. 서울: 삼성경제연구소.

전주영, 강정찬, 이상수(2014). 팀의 사회감성역량 향상을 위한 교육 프로그램 개발. 산업연구, 29, 29-60.

조혜진(2021). 유아교사의 정서역량 2판. 서울: 창지사.

조혜진, 최내리(2019). 유아교육기관 개인 및 조직 차원 정서역량의 규명 및 상대적 중요도 분석. 열린유아교육연구, 24(2), 211-236.

하은옥(2008). 유아교육기관의 조직유효성 향상을 위한 감성역량 활용 가능성 탐색. 유아교육연구, 28(2), 217-242.

Bradberry, T. & Greaves. J.(2013). 감성지능 코칭법. 서울: ㈜넥서스.

Caruso, D. R. & Salovey, P.(2009). 사람과 조직을 끌어당기는 하트스토밍. (함규정 역). 서울: 이지출판. (원저 2004년 출판).

Cherniss, C., & Goleman, D.(2001). *The emotionally intelligent workplace: How to select for, measure, and improve emotional intelligence in individuals, groups, and organizations*. San Francisco, CA: Jossey-Bass.

Druskat, V. U. & Wolff, S. B.(2001). Team emotional competence and its influence on team effectiveness. In C. Cherniss & E. Goleman (Eds.), *Emotional Competencein Organizations*. SanFrancisco: Jossey-Bass.

Goleman, D.(1998). *Working with emotional intelligence*. New York: Bantam.

Goleman, D., Boyatzis, R. & Mckee, A.(2003). 감성의 리더십. (장석훈 역). 청림출판. (원저 2002년 출판).

Hatfield, E., Cacioppo, J. T., & Rapson, R. L.(1992). Primitive emotional contagion. In M. S. Clark (Ed.), *Emotion and social behavior* (pp. 151 - 177). Sage Publications, Inc.

Kress, J. S., & Elias, M. J.(2006). *Implementing school based social and emotional learning programs: Navigating developmental crossroads*. New York: Wiley.

기사 및 동영상

나우미가족문화연구원(2016). 자기야 부부캠프-기적의 부부대화법(그랬구나_문천식 부부편), http://m.site.naver.com/0ShgG에서 인출.

송주헌(2012.08.08.). '구성원들의 부정적 감정, 전염성 높다'. LG경제연구원 WeeklyFocus. 26-32., http://www.lgeri.com/report/ view.do?idx=17713에서 인출.

EBS다큐프라임(2014). "당신이 화내는 진짜 이유". 1부 원초적 본능_화가 업무에 미치는 영향. https://youtu.be/qOuNMyTfGQY에서 인출.

TVN(2013). 응답하라1994-Ep.06:나정의 여심테스트! 하숙집 남자 5인방의 대답은?. https://youtu.be/AEFuvc monVA에서 인출.

CHAPTER

07

다 함께 행복한 조직문화1

긍정과 존중의 소통문화

••• 학습목표

- 조직문화가 구성원의 태도와 행동, 조직의 성과에 미치는 영향에 대해서 이해한다.
- 유아교육기관 조직문화의 특성과 유형을 이해한다.
- 구성원들이 다함께 행복한 조직문화를 만들기 위해 어떤 조직문화가 필요한지 성찰하고 긍정적인 조직문화, 다양성을 존중하고 소통하는 문화를 조성한다.

모든 조직은 그 조직만의 독특한 문화를 가지고 있다. 유아교육기관도 그 조직만이 가지고 있는 독특한 문화가 존재한다. 기관장의 철학과 리더십 유형에 따라, 시설유형이나 교육목적, 물리적 환경, 구성원의 상호작용 방식 등에 따라 특유의 가치관, 규범과 전통, 분위기, 행동방식 등이 존재한다. 이러한 조직문화는 구성원의 태도와 행동, 조직의 성과에 영향을 미치는 보이지 않는 힘으로 작용한다.

내가 일하는 직장의 조직문화는 어떠한가? 어떤 조직 분위기의 직장에서 일하고 싶은가? 최근에는 지나치게 업무 성과나 이성적 효율성만을 강조하는 직장보다는 상호 존중, 신뢰, 즐거움과 열정 등의 감성 에너지가 넘치는 조직문화, 일할 맛 나는 직장(Great Place to Work) 행복한 일터(Joyful Work Place), 감성기업이 각광을 받고 있다. 조직의 성과 측면에서 기쁨, 애정, 열정 등의 긍정적인 조직 감성이 구성원들의 직무 만족은 물론 업무 성과를 향상시켜서 조직을 역동적으로 변화시킨다고 보기 때문이다.

운영Tip

다 함께 행복한 조직문화의 첫 번째 주제인 **긍정과 존중의 소통문화**에서는 조직문화의 특징과 중요성, 유아교육기관이 가진 조직문화의 특성과 유형을 이해하고, 어떤 조직문화가 필요한지 조직문화의 개선방안을 생각해 볼 수 있도록 운영한다. 즉, 급변하는 교육환경에 대응하여 팀의 낙관성과 긍정적인 조직 분위기를 유지하기 위한 방법, 구성원의 다양성을 존중하고 수평적으로 소통하기 위한 방법을 알고 실천할 수 있도록 진행한다.

- 〈생각열기〉에서는 우리 기관의 조직문화에 대해서 떠오르는 이미지를 표현하고 그 이유를 이야기 나누면서 팀원들이 생각하는 조직문화에 대해 관심을 갖는다.
- 〈생각채우기〉에서는 유아교육기관 조직문화의 특성과 유형, 직장에서 긍정 정서와 부정 정서의 영향, 낙관성과 긍정성을 유지하는 문화, 구성원의 다양성이 집단지성으로 발휘되기 위한 존중과 소통문화에 대해 학습하기 위하여 기사자료와 동영상 시청, 강의를 실시한다.
- 〈생각나누기〉에서는 사례토의를 통해 조직문화의 유형별 특성에 대해 이야기 나누고 자신이 소속된 기관의 조직문화 특성은 어떠한지, 조직문화 개선이 필요한 부분이 있다면 이를 위한 변화의 내용과 전략에 대해 성찰하고, 팀원들과 공유한다.
- 〈생각실천하기〉에서는 일상에서 나만의 소확행(소소하지만 확실한 행복)의 방법을 찾고 실천하면서 자신과 학급, 기관의 변화를 탐색한다. 또한 다 함께 행복한 조직문화를 만들기 위해서 필요한 UP 행동과 줄이거나 피해야 하는 DOWN 행동을 생각해 보고, 나만의 행동목록을 만들어서 일상에서 실천해 본다.

생각열기

〈생각열기〉를 위한 물음들을 중심으로 교직원들이 자유롭게 이야기할 수 있는 분위기를 조성한다.

구성원들 각자가 느끼고 생각하는 조직의 특성과 분위기, 문화들은 다를 수 있으므로 어린이집(유치원)의 조직문화를 어떻게 생각하는지, 이유는 무엇인지 관심을 갖고 생각을 공유한다.

〈생각열기〉를 위한 물음

- **우리 기관의 이미지를 한마디로 표현한다면 무엇인가요?**
  우리 기관의 조직 분위기, 일 처리 방식, 인적 또는 물적 환경의 특성 등을 생각할 때, 떠오르는 이미지와 그 이유를 적고 구성원들과 이야기 나눠 보세요.

예 우리 어린이집(유치원)은 ___피아노___ 하다(이다).
왜냐하면 ___각기 다른 소리로 하나의 화음을 만들기___ 때문이다.

우리 어린이집(유치원)은 ____________ 하다(이다).

왜냐하면 ____________________ 때문이다.

1 조직문화

1) 개념 및 특징

조직문화란 조직 구성원이 공유하고 있는 가치관과 신념, 규범과 전통, 지식과 기술 등을 말한다. 다시 말해, 특정 조직이 일정 기간 운영되며 생성된 조직 구성원들의 공통된 신념, 규범, 가치관, 행동 패턴이다. 즉, 조직문화는 그 조직만의 고유한 일하는 방식이며 의사결정의 기반이 되는 신념이나 가치이다(하수미, 2021). 조직문화는 고유한 가치들이 모여 발현되는 것으로, 조직문화의 특징을 살펴보면 다음과 같다(양나래, 2017.6.15).

첫째, 문화는 상대적인 것이다. 옳고 그른 기준이 없다. 우리 조직과 잘 맞고 적합한지가 중요하다. 혁신, 창의, 효율 등 대부분의 조직이 추구하는 보편적 가치를 무조건 적용하기보다는 우리 조직이 추구하는 비전을 명확히 하고 이와 연계된 가치에 구성원이 얼마나 공감하느냐가 중요하다. 바람직한 조직문화의 목표는 조직의 비전과 미션 달성으로 귀결돼야 한다.

둘째, 문화는 양면성을 가지고 있다. 조직문화는 조직 내 일하는 방식을 통일하고, 의사결정의 기준이 되는 순기능의 역할을 하지만, 때로는 기존의 가치체계로 인해 변화에 저항하고 새 직원이 융합하는 데 장벽을 만들기도 하는 역기능도 존재한다.

셋째, 문화는 자의적 해석이 가능하다. 즉, 주임교사가 생각하는 '소통' '팀워크'와 초임교사가 생각하는 '소통' '팀워크'의 의미가 다를 수 있다. 구성원들이 살아오면서 학습하고 경험한 지역적·시대적 가치와 환경에 따라 각자 다르게 인식할 수 있다는 것이다.

넷째, 문화는 눈에 보이지 않지만 나름의 체계를 지니고 있다. 그것이 바로 비전(vision), 미션(mission), 핵심가치(core value)라 불리는 조직의 가치관 체계이다.

조직의 비전을 성취하려면 외부환경, 내부경영자원, 조직구조, 그리고 고유의 조직문화가 유기적으로 연계돼야 한다. 이를 위해서는 현재 조직이 가지고 있는 문제와 이슈를 명확히 구분하고 과제를 구체화할 수 있어야 한다.

이와 같이 조직이 가진 고유의 문화적 특성은 상대적이며 상황에 따라 양면성이 존재한다. 따라서 조직문화를 이해하고 변화시키고자 한다면, 우리 조직만이 가진 문화적 특성을 이해하고 조직의 강점 역량은 유지하되 환경 변화로 필요한 문화적 특성은 무엇인지 파악하여 강화하려는 노력이 필요하다.

**“조직문화를 이해하고 변화시키고자 한다면,
우리 조직만이 가진 문화적 특성을 이해하고
조직의 강점 역량은 유지하되 환경 변화로 필요한
조직문화의 특성은 무엇인지 파악하여 강화하려는 노력이 필요하다.”**

2) 조직문화의 중요성

조직문화를 제대로 이해하는 것이 왜 중요할까? 조직문화는 조직의 고유한 가치가 모여 발현되는 것으로, 조직 전체를 지배하는 보이지 않는 힘이기 때문이다. 조직에는 두 가지 중요한 언어가 있는데, 바로 숫자와 가치이다. 이 둘은 씨실과 날실처럼 서로 연결되어 있다. 숫자는 성과나 실적처럼 명확하게 눈으로 확인할 수 있는 반면 가치는 눈에 잘 띄지 않는다. 하지만 조직 구성원들의 생각과 행동이 환경의 영향과 함께 오랫동안 누적된 조직문화는 구성원들 간의 일체감 형성, 헌신성, 안정성을 증진시키는 기능뿐만 아니라, 조직의 생존과 적응을 위한 내적 과정을 통합하는 기능을 한다(Smircich, 1983). 또한 조직문화는 하나의 조직이 주어진 환경 속에서 오랜 기간 동안 자체의 목적을 달성해 나가는 과정에서 형성되며, 일단 형성된 후에는 쉽게 변하지 않고 지속되면서 조직 구성원들의 태도나 행동에 영향을 주어 조직의 성과에 영향을 미치게 된다(Schein, 2004).

이처럼 조직의 성패와 직결되는 조직문화의 중요성이 강조되면서 최근 많은 기업은 조직문화를 개선하기 위해 다양한 노력을 하고 있다. 일례로 국내 대기업들은 호칭 파괴와 직급 간소화를 통해 조직문화를 개선하려고 노력하고 있다(송형석, 이수빈, 2021. 12. 06). 물론 직급 간소화와 호칭 파괴만으로 짧게는 수년, 길게는 몇십 년간 이어져 온 조직문화를 바꾸는 것은 쉽지 않다. 직급체계를 개선한 후 부작용이 나타나 과거 방식으로 회귀한 경우도 있지만 많은 기업이 호칭을 없애고 직급체계를 간소화한 이유는 무엇일까? 첫째는 급변하는 경영환경에서는 소수의 경영진 단독으로 의사결정을 하는 것이 최선이 아니기 때문에 구성원의 다양한 아이디어를 모아서 의사결정을 할 수 있는 문화를 만들기 위해서이다. 둘째는 밀레니얼 세대가 조직을 구성하는 주류로 등장하였기 때문에 온라인에서 수평적 소통에 익숙한 세대들과 소통하는 문화를 만들기 위해서이다.

이와 같이 조직문화는 조직 구성원이 공유하고 있는 고유한 가치들이 모여서 발현되는 것으로, 구성원들의 태도와 관계, 일 처리 방식, 의사결정, 성과 등 조직 전반에 영향을 미치는 보이지 않는 힘이다. 이러한 이유로 국내 기업들은 무한경쟁 시대에 도태되지 않고 혁신을 시도하기 위해서 호칭 파괴와 직급 간소화를 통해 위계문화를 혁신하고 수평적인 조직문화로 개선하려고 노력하고 있는 것이다. 유아교육기관도 급변하는 교육환경과 다양한 구성원들의 특성을 고려해서 건강한 조직문화를 만들기 위해 조직문화를 개선하려는 노력이 필요하다.

> **“조직문화는 조직 구성원이 공유하고 있는 고유한 가치들이 모여서 발현되는 것으로, 구성원들의 태도와 관계, 일 처리 방식, 의사결정, 성과 등 조직 전체를 지배하는 보이지 않는 힘이다.”**

[신문기사자료]

「부장을 '프로' '님'이라고 부르면 조직문화도 바뀔까요."」

"MZ 잠재력 이끌어 낼 묘안"		"호칭만 바꾸는 건 의미 없어"
아이디어 중요한 디지털 시대 상하 간 벽 낮춘 의사소통으로 창의성 · 효율성 높이는 데 효과	VS	수평적 조직문화 전제조건은 직원들과 정보 공유 · 권한 위임 정확한 명령수행 조직엔 부적절

삼성전자는 지난달 29일 임직원 직급을 간소화하고 직원 간 호칭을 '프로'와 '님'으로 통일하겠다고 선언했다. MZ세대(밀레니얼+Z세대)의 잠재력을 끌어올리려면 조직문화를 수평적으로 바꿔야 한다는 논리였다. 이른바 '실리콘밸리식 인사혁신'이다.

심리학자들은 '언어'가 바뀌면 '태도'에도 변화가 생긴다고 설명한다. 직원들이 공격적으로 아이디어를 낼 가능성이 높다는 의미이다. 최은수 고려대 심리학과 교수는 "한국은 장유유서 문화가 강해 자신보다 높은 직급의 상사에게 의견을 드러내지 않는 것을 미덕으로 아는 직원이 적지 않다."며 "호칭이 바뀌는 것만으로도 대화의 '허들(장벽)'이 한층 낮아질 것"이라고 말했다.

그러나 2000년대 초반부터 10여 년에 걸쳐 이뤄진 대기업들의 호칭 파괴 시도는 대부분 실패로 돌아갔다. KT는 2009년, 포스코는 2011년, 한화그룹은 2012년 직원 간 호칭을 '매니저'로 통일했지만 몇 년 안 돼 기존 직급체계로 복귀했다. 업무 책임이 불명확해지고 다른 회사와 업무를 할 때도 호칭에 따른 혼선이 적지 않다는 이유에서였다. 대리-과장-차장으로 이어지는 '승진 계단'이 사라지면서 직원들의 의욕이 떨어졌다는 분석도 나왔다. 정해진 틀대로 오차 없이 빠르게 업무를 추진하는 것이 성패를 좌우하는 기업은 상하관계가 명확한 게 도움이 된다는 얘기이다.

또한 호칭보다 중요한 것이 조직문화라는 지적도 나온다. 임원이 정보를 독점하고 직원들에게 업무를 위임하는 일이 드문 기업에선 호칭 파괴의 효과가 크지 않다는 설명이다. 직원들이 회의 자리에서 입을 열지 않는 것은 상사의 직급에 주눅 들어서가 아니라 '아는 것이 없어서'란 얘기이다. 주요 대기업이 딜레마에 빠지는 대목이다.

출처: 송형석, 이수빈(2021. 12. 06). 부장을 '프로' '님'이라고 부르면 조직문화도 바뀔까요. 한국경제신문.

2 유아교육기관의 조직문화

1) 유아교육기관의 조직문화 특성

모든 조직은 그 조직만의 독특한 문화를 가지고 있다. 유아교육기관이 가진 조직문화의 특성은 무엇일까? 유아교사들이 인식하는 유아교육기관의 조직문화 특성을 정리하면 다음과 같다(조혜선, 박은혜, 2009).

- **함께 일하기** – 유아교육기관에는 행사, 견학, 참여수업, 운동회와 같이 교사들이 함께 계획하고 수행하는 '공동일'이 존재한다. 이러한 공동일은 일상적 수업과는 다른 형태로 진행되며 교사들이 함께 계획하고 준비해야 하는 특성이 있어 유아교사에게 함께 일하기는 주요한 행위규범이 된다. 상급학교의 교직문화에 비해 유아교육기관에서 가장 특징적인 부분은 '공동일'의 빈도가 높으며, 함께 일하는 데 있어 특정한 방식과 순서가 존재한다는 것이다. 이때 유아교사는 자신의 학급일인 '개인일'보다 '공동일'을 우선으로 하는 것이 실천규칙이 되며, 교사들 간에 협력하는 것을 생활화해야 하고, 함께 일하기 위해 원활한 의사소통이 중요하게 된다.

- **부지런히 행동하기** – 유아교사는 상급학교에 비해 하루에 수행해야 하는 업무의 종류와 양이 많고, 담당하는 유아의 발달 특성상 신속하게 대처해야 하는 일들이 많다. 이로 인해 유아교사에게는 근면성과 민첩성이 필수적이며 교직문화에서 부지런히 행동하기의 표현 특성이 두드러지게 나타나게 된다.

- **보수적으로 살기** – 직업인으로서 교사의 정체성 확립을 위해 교사의 보수적인 복장과 태도를 고수하는 것이다. 교사다운 복장을 갖추는 것은 자신 또는 외부인들에게 유아교사다움이 무엇인지를 인식하도록 하는 문화적 상호작용인

것이다. 교사다운 복장을 통해 유아교육기관 교직 내부에 고정화된 기준인 보수성을 외부인에게 표현하는 것이다. 또한 유아교육기관 교직문화에는 장유유서와 위계를 의식하는 인간관계 질서가 존재하기 때문에 윗사람이 아랫사람들에게 일방적인 권위나 권력을 행사할 수 있는 구조에서 유아교사들이 보수적으로 살아가는 것으로 표현된다.

- **외부인식 고려하기** – 타인에게 보여지는 모습을 중시하는 문화로, '이왕이면 다홍치마'라고 표현된다. 유아교사의 모습은 호수 위를 헤엄치는 '백조'처럼 교사의 본 모습에 대한 '진실'과 '편견'이 존재한다. 교사들은 물밑에서 허우적거리는 백조의 다리가 자신들의 모습이라고 생각하지만 보여지는 모습도 중요하기 때문에 외부에서 '백조'로 생각하는 편견에 적극적으로 대응하지는 않는다.

- **현장에서 배우기** – 교사들은 교무실에서 수업에 관한 다양한 정보를 주고받으며, 어깨너머 배우기를 한다. 즉, 유아교사들은 열린 공간인 교무실을 통해 교육활동 및 직무에 관한 지식들을 활발히 교환하며 현장에서 성장하게 된다.

박상희(2019)는 어린이집 교직원이 인식하는 어린이집 조직문화의 특성을 다음과 같이 제시하였다. 첫째, 어린이집의 조직문화는 관계지향문화와 위계지향문화가 강한 반면 혁신지향문화는 상대적으로 약하다고 평가하였다. 직급별로는 원장과 교사 모두 선호하는 조직문화는 관계지향문화와 혁신지향문화였으며, 시장지향문화와 위계지향문화는 약화되길 희망하였다.

둘째, 어린이집 유형별로 국공립어린이집과 민간·가정어린이집 교직원들은 현재의 조직문화를 관계지향문화로 평가한 반면에, 직장어린이집과 부모협동어린이집 교직원들은 위계지향문화가 강하다고 평가하였다. 직장어린이집은 상대적으로 규모가 크고 교직원의 수가 많으며, 부모협동어린이집은 조합 이사들이 모든 결정권을 갖는 운영체제를 갖기 때문에 '통제'와 '규칙·절차'를 강조하는 위계지향문화를 높게 인식했다고 볼 수 있다. 또한 국공립어린이집과 민간·가정어린이이집은 현재의 조직문화와 선호하는 조직문화가 관계지향문화로 일치하였으나 직장어린이집과 부모협동어린이집은 교직원이 인식하는 현재 조직문화와 선호하는 조직문화에는 차이가 있었다. 직장어린이집과 부모협동어린이집 교직원들이 관계지향문화를 선호한다는 것은 어린이집 내 관계지향문화가 부족하다고 인식하는 것으로, 어린이집에 대한 응집력과 공동체의식을 가질 수 있는 문화에 대한 변화가 필요함을 보여 주는 것이다.

마지막으로, 모든 유형의 어린이집이 관계지향문화를 가장 선호하였으며 시장지향문화의 선호도가 가장 낮았다. 이것은 모든 유형의 어린이집이 '협력'과 '팀워크'를 강조하는 관계지향문화가 어린이집에 가장 필요한 문화라고 인식하고, '경쟁'과 '성과'를 강조하는 시장지향문화에 대해서는 부정적 인식이 높음을 의미한다. 어린이집의 경우 관계지향문화가 강하다는 특성이 있지만 하나의 문화가 강조되기보다는 네 개의 조직문화의 강점을 어린이집 특성에 맞게 적용하는 것이 필요하겠다.

이러한 특성을 종합해 보면 유아교육기관의 조직문화란 유아교육기관의 일상적인 직무상황에서 교사들이 수행하는 행동 양식, 태도 그리고 왜 그렇게 하는지를 결정하게 하는 가치관과 규범을 포함하는 유아교사 특유의 교직 생활 방식이라고 볼 수 있다. 즉, 유아교육기관의 조직문화는 다른 조직과는 달리 유아교육기관만의 특성을 가지고 있다. 따라서 자신이 일하는 기관의 조직문화 특성에 대한 이해를 기초로 구성원들이 어떤 것을 느끼며, 변화해 가는지 문화적 특성을 인식하는 자기이해가 필요하다.

2) 유아교육기관의 조직문화 유형

조직문화는 구성원들이 공유하고 있는 고유한 가치들이 모여 발현되는 것으로, 구성원들의 태도와 행동, 성과 등 조직 전반에 영향을 미친다. 마찬가지로 유아교육기관의 조직문화는 유아교사들에게 행동지침을 제시하며, 의사소통에 영향을 미치고, 교육 내용의 선정, 학습방법뿐만 아니라 유아교육기관의 목표 달성에 결정적인 영향을 미치기 때문에 유아교육기관이 어떤 조직문화를 가지고 있는지 이해가 필요하다. 유아교육기관의 조직문화를 규명하기 위하여 외부환경에 적응하는 행동 차원과 내부문제를 해결하는 과정 차원을 기준으로 조직문화 유형을 구분하면 [그림 15]와 같다(김진아, 이종희, 2008; 최내리, 조혜진, 2021).

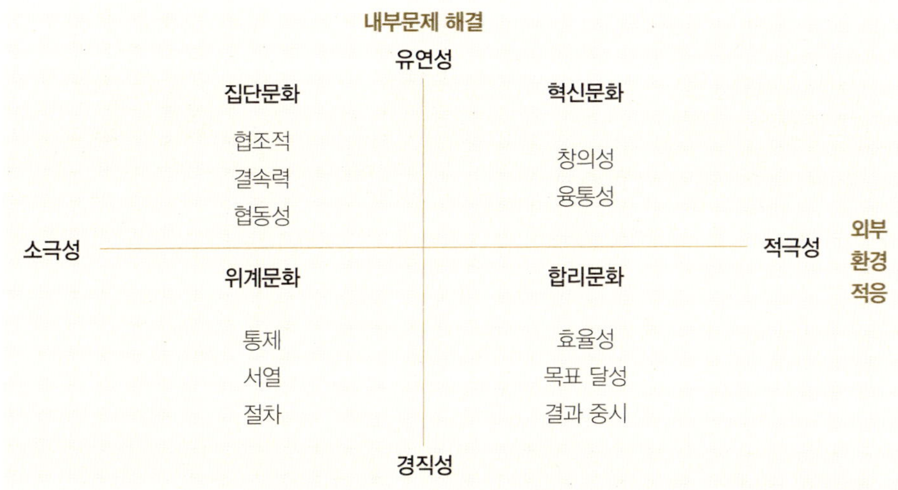

[그림 15] 유아교육기관의 조직문화 유형

(1) 혁신문화

교사들이 외부환경의 변화에 적극적으로 반응하고, 내부의 문제해결 과정에 유연성을 보이는 문화이다. 구성원들이 외부환경의 변화에 두려움을 갖기보다는 위험이 있더라도 모험을 중시하고, 아이디어나 교육 프로그램을 개발하려는 창의성을 발휘한다. 조직의 효과성을 높이기 위해서 결과가 다소 불확실하더라도 새로운 방침을 개발하여 적용시키며, 이러한 과정에서 원장이나 원감과의 의견이 반대되더라도 구성원들 간에 자유롭게 의견을 교환하고 추진한다. 또한 새로운 방침에 대한 적극적인 수용, 포상제도, 관습에서 벗어난 새로운 규칙을 융통성 있게 시행한다.

- 창의적인 아이디어, 교육 프로그램 개발 시도
- 교사 상호 간의 자유로운 의사교환
- 문제해결 방식의 융통성
- 환경 변화에 혁신적으로 대응하는 문화

(2) 합리문화

교사들이 외부환경의 변화에 대해 적극적으로 반응하나 내부의 문제해결 과정에 경직성을 보이고, 조직을 운영하는 데 있어 목표 달성과 효율성을 강조하는 문화이다. 구성원들의 평가에 있어서 직무수행능력과 실적을 위주로 하므로 인간관계보다는 성공 여부에 대한 결과를 중요하게 여긴다.

- 인간관계보다는 업무에서의 실리와 효율성을 추구
- 교육목표의 달성 강조
- 결과의 성공 여부를 중시하는 문화

(3) 집단문화

교사들이 외부환경의 변화에 대해 소극적으로 반응하나 내부의 문제해결 과정에 유연성을 보인다. 구성원들이 외부환경에 대해 능동적이지 못하지만, 교사들 사이에 업적 위주의 경쟁보다는 상호 간의 팀워크나 협동을 강조하는 문화이다. 구성원들 간의 상호 신뢰와 인화단결이 장려되는 문화이기 때문에 교사들의 개인적인 사정이나 어려움을 자신의 일처럼 받아들이고 원장이나 원감 역시 친근한 선배로서 받아들이는 경향이 있다.

- 교사 간 상호협조적인 분위기 중시
- 교사 간의 결속력을 중시
- 업적 위주의 경쟁보다 구성원 상호 간 협동을 강조하는 문화

(4) 위계문화

교사들이 외부환경의 변화에 대해 소극적으로 반응하고 내부의 문제해결 과정에 경직성을 보이며 구성원들 간의 서열의식이 강조되는 문화이다. 위계문화를 지닌 조직에서는 운영과 관련된 절차나 규정이 세밀하게 정해져 있고 변경이 어려우며, 원장이나 원감에 의해 통솔되고 통제되는 엄격한 분위기가 조직문화의 주류를 이루게 된다.

- 서열 강조
- 통솔과 통제의 엄격한 분위기
- 절차와 규정을 지키고 확실한 업무처리를 강조하는 문화

유아교육기관의 조직문화는 다양한 문화 유형들, 즉 혁신문화, 합리문화, 집단문화, 위계문화가 공존하는 포괄적인 문화의 특성을 보이며, 기관의 특성 및 종사자의 특성에 따라 차이가 있다(김진아, 이종희, 2008; 박상희, 2019). 이러한 조직문화는 상대적인 특성이 있기 때문에 전적으로 바람직한 문화유형은 없으며 기관의 특성과 상황에 따라 조직문화 유형별로 긍정적인 특성뿐 아니라 부정적인 결과도 나타날 수 있다. 따라서 건강한 조직문화를 만들려면 우리 기관이 가진 조직문화의 특성을 이해하고 조직의 비전, 상황에 따라 우리 기관에 맞는 조직문화를 형성해 나가는 것이 필요하다.

> "건강한 조직문화를 만들려면 우리 기관이 가진
> 조직문화의 특성을 이해하고 조직의 비전과 상황에 따라
> 우리 기관에 맞는 조직문화를 형성해 나가는 것이 필요하다."

3 어떤 조직문화가 필요한가

유아교육기관을 둘러싼 교육환경과 정책이 변화하고 있고 함께 일하는 구성원들도 다양해지고 있다. 이러한 변화에 맞춰서 유아교육기관의 조직문화는 어떻게 변화해야 하는가? 어떤 조직문화가 필요한가?

유아교육기관도 하나의 유기체적인 사회조직으로서 급변하는 교육환경에 적응하여 조직의 목표를 달성하기 위해서는 구성원들이 변화에 거부감을 갖기보다 낙관성과 우호적인 분위기를 유지할 수 있는 긍정적인 조직문화가 요구되고 있다. 창의적 문제해결에는 구성원들의 긍정적인 기분과 감정이 필요하며 불확실한 결과에 대한 낙관적 태도와 확신이 중요하기 때문이다. 또한 유아교육기관은 다양한 배경을 가진 사람들이 함께 일하는 일터이므로 다양성을 존중하고 원활하게 소통할 수 있는 수평적인 관계의 조직문화가 필요하다.

1) 긍정적인 조직문화

우리 조직은 급변하는 교육환경에 적응하고 기관 안팎에서 일어나는 문제들을 해결할 수 있다는 낙관성과 긍정 마인드를 가지고 있는가? 조직에서 구성원의 긍정 감정과 부정 감정을 적절히 조절하고 활용한다면 합리적인 사고를 도와주고 업무능력을 향상시킬 수 있다. 이러한 개인의 감정뿐만 아니라 팀 차원의 감정 역시 업무수행에 강력한 영향력을 행사한다. 이것을 '팀 정신' 혹은 '사기(moral)'라고 하는데(Caruso & Salovey, 2009) 구성원들이 어떻게 느끼느냐가 조직의 성과에 영향을 미치게 된다.

> **"우리 조직은 급변하는 교육환경에 적응하고 기관 안팎에서 일어나는 문제들을 해결할 수 있다는 낙관성과 긍정 마인드를 가지고 있는가?**
> **'팀 정신' 혹은 '구성원의 사기'라고 하는데**
> **낙관성과 우호적 분위기가 조직의 성과에 영향을 미친다."**

그렇다면 팀의 낙관성, 긍정적인 조직문화를 만들기 위해 어떻게 해야 할까? 직장 내 인간관계에서 평소 긍정성을 쌓는 것이 필요하다. 인간관계에서 비난, 화 등의 부정성이 전혀 없을 수는 없지만 중요한 것은 긍정성과 부정성의 비율이다. 성공하는 기업의 특성 중 긍정언어의 힘을 보여 준 연구결과가 있다. 2005년 미국 노스캐롤라이나 대학의 마셜 로사다(Marcial F. Losada) 교수팀은 60여 개 기업의 회의록에서 나온 단어들을 조사한 결과, 성장하는 기업은 쇠퇴하는 기업보다 긍정적인 발언이 많았으며, 성장과 쇠퇴를 가르는 '한계 긍정률(critical positivity ratio)'이 2.9013:1이라고 밝혔다. 일명 '로사다 비율'이라고 하는데, 성공하는 조직의 비결은 부정성보다 적어도 3배 이상 많은 긍정성에 있었다(조혜진, 2021).

그렇다면 우리는 직장에서 평소에 긍정언어를 얼마만큼 사용하고 있을까? 팀 업무를 하면서 팀원들 간에 '할 수 있어요', '덕분이에요', '고마워요' 등의 언어를 주로 사용하는지, 아니면 '안 돼요', '할 수 없어요', '누구 탓이에요'라는 말을 더 많이 사용하는지 확인해 볼 필요가 있다. 직장에서 나의 언어습관은 어떠한지, 우리 팀과 조직의 소통 방식과 내용에 대해 성찰하고 개선점을 찾아볼 필요가 있다. 아래 활동에 제시된 두 사례의 동영상을 보면, 긍정언어와 행동, 성과 간의 관련성을 다시 한번 보여 준다. 언어는 사고와 연결되어 있기 때문에 긍정언어가 사람들의 행동은 물론 성과에도 긍정적인 영향을 미친다는 것을 확인할 수 있다.

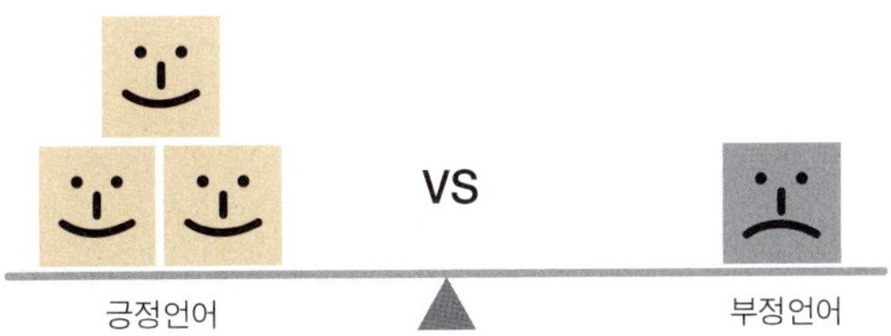

[그림 16] 기업의 성공을 결정하는 긍정언어와 부정언어의 비율(2.9:1)

또한 직장에서 긍정성을 쌓는 또 하나의 비결은 '사소한 일을 자주 하라(small things often)'는 것이다. 감사하고 배려하고 존중하는 일들을 평소에 자주 하면서 평상시에 긍정성을 저축하라는 것이다(조벽, 2016). 평소 교직원 간에 무관심하다가 한 번의 관심, 배려, 칭찬을 한다고 해서 인간관계가 쉽게 회복되는 것이 아니기 때문이다. 아래 활동에 제시된 김경일(2018)의 동영상을 보면, 한 번의 큰 행복보다는 작은 행복을 자주 느끼는 것이 중요하다고 하였다. 이러한 행복은 혼자만의 힘으로는 불가능하며, 큰 것을 주는 게 아니라 작은 것을 자주 나누어 줄 수 있는 주위 사람들과의 관계가 중요하다고 하였다. 직장에서도 이러한 작은 관심과 긍정 감정들을 자주 함께 나누는 경험은 인간관계 속에서 긍정성을 쌓는 데 도움이 될 것이다.

활동 평소에 긍정성 저축하기

▪ 아래 동영상 자료를 보면서 '긍정언어의 힘'에 대해 이야기 나눠 보세요. 평소 자신의 언어 습관, 우리 팀과 조직의 소통 분위기에 대해서 생각해 보고 장점과 개선점에 대해서 이야기 나누어 봅시다.

① 칭찬의 말

- 지식채널 e '엄마가 울었다' 동영상
  https://youtu.be/SfMgG9O-0_M?t=8

② 긍정언어와 부정언어의 힘

- 언어의 힘(긍정언어) '칭찬과 비난을 하며 도미노 쌓는 두 팀' 동영상 https://www.youtube.com/watch?v=nxL5vQZcAUY

▪ 아래 동영상 자료를 보면서 '행복의 의미'에 대해서 이야기 나눠 보세요.

① 팀원들과 소소하게 행복, 기쁨, 관심 등의 감정을 느꼈던 최근 경험을 공유해 보세요.

- '행복이란 무엇인가?_아주대학교 김경일 교수 동영상
  https://www.youtube.com/watch?v=ojl_n4Z_P3Y

2) 다양성을 존중하는 문화

대부분의 직장에서는 다양한 배경을 가진 사람들이 함께 일하고 있다. 서로 다른 경력과 경험, 세대의 사람들이 조직의 목표 달성을 위해 집단지성을 발휘하려면 필요한 것은 무엇일까? 구글, 애플과 같은 세계적 기업들은 '다양성'과 '포용'을 중요한 경영원칙으로 하고 있다(하수미, 2021). 즉, 다양한 인종, 사회적 배경, 성별, 나이, 종교 등 다양한 배경의 직원들이 함께 일할 때 다양한 관점을 가지기 때문에 창의적인 아이디어가 나온다고 믿는 것이다. 이러한 인력 구성의 다양성은 창의와 혁신의 원천이라는 긍정적 영향도 있지만 갈등 유발 같은 부정적 영향도 있기 때문에 효율적인 다양성 관리가 필요하다. 이러한 이유로 조직 구성원들이 서로의 다름을 인정하고 각자의 의견을 공유하고 받아들일 수 있는 포용을 강조하는 것이다.

유아교육기관도 다양한 배경을 가진 사람들로 구성되어 있는 조직이다. 때문에 서로 다른 경력과 경험 차이에서 오는 가치관이나 관점의 차이로 구성원들 간에 감정이 상하거나 갈등이 생길 수 있다. 일례로 초임교사가 창의적인 아이디어를 제안한 경우 "우리 원에서는 그런 식으로 안 해요. 원래 하던 대로 하면 돼요."라는 이야기를 들을 수 있다. 반대로 경력교사가 후배 교사로부터 "이거 모르세요? 요새 많이 하는 건데요."라는 말을 들을 수 있다. 후배 교사는 단지 나이가 어리고 직급이 낮다는 이유로 무시 받는 게 싫고 조직의 일원으로 떳떳하게 대우받기를 원한다. 마찬가지로 선배 교사도 나이와 직급에 맞게 경험을 존중받고 대우받기를 원한다. 후배는 인정하는 말을, 선배는 존경받는 말을 듣고 싶어 한다(허두영, 2019).

이와 같이 구성원의 다양성은 우리 조직이 가진 강점이 될 수도 있지만 갈등의 원인이 될 수도 있다. 따라서 서로 다른 경력과 경험, 세대의 사람들이 기관의 목표 달성을 위해 집단지성을 발휘하려면 구성원들이 가지는 다양한 생각과 관점, 가치관들을 존중하고 배려하는 것이 필요하다.

"유아교육기관은 다양한 배경을 가진 사람들로 구성되어 있는 조직이다. 선배 교사도 후배 교사도 나이와 직급에 맞게 존중받고 대우받기를 원한다. 후배 교사는 인정하는 말을, 선배 교사는 존경받는 말을 듣고 싶어 한다."

3) 수평적인 소통문화

수평적인 소통은 구성원들이 공동의 목표를 가지고 이를 달성하기 위해 어떻게 할 것인가에 대한 다양한 의견을 제시하고 차이를 수렴하는 과정에서 최적의 방법을 찾아가는 과정이다. 많은 조직이 수평적 조직문화를 바라지만 여전히 자유롭게 의사소통하는 문화가 자리 잡지 못하고 있다. 구성원 간의 의사소통은 직급과 관계없이 다양한 의견을 낼 수 있어야 하고, 자신의 아이디어가 의사결정에 반영되어 성과에 영향을 줄 수 있어야 건강한 조직이 된다. 구성원들 간에 원활하게 소통할 수 있는 수평적 조직문화를 만들기 위해 필요한 것은 무엇일까? 수평적 조직문화의 특징을 살펴보면 다음과 같다(하수미, 2021).

- **신뢰와 건강한 갈등 문화** – 수평적 소통을 위해서는 구성원들이 직급이나 나이와 상관없이 반대 의견을 말하고 이해가 안 되는 부분에 대해서 질문을 해도 질책당하거나 무시당하지 않을 것이라는 신뢰와 심리적 안전감이 필요하다. 심리적으로 안전한 조직에서는 진실성이 없는 칭찬이나 인정보다는 솔직하게 피드백하고 건전하게 토론하고 갈등을 마다하지 않는다. 심리적 안전에 건강한 갈등의 문화가 더해지면 그 조직은 탁월한 성과를 낼 수 있다. 국내 플랫폼 기업인 카카오의 경우 MZ세대와의 솔직한 의사소통을 위해서 '신뢰, 충돌, 헌신'을 핵심가치로 정하고 있다. 신뢰는 충돌하더라도 서로 좋은 의도를 가지고 있을 것이라는 믿음이며, 이러한 신뢰를 바탕으로 가장 좋은 안을 내기 위해 의견을 나누는 과정을 충돌이라고 하고, 이렇게 충분히 논쟁하고 부딪치며 나온 결론에 대해서는 구성원 모두가 헌신한다는 것이다.

- **구성원들과의 정보 공유** - 투명하게 공유된 정보는 구성원들이 합리적으로 의사결정을 할 수 있게 한다. 또한 정보 공유는 내가 조직의 일원으로서 중요한 사람이라고 느끼게 해 주는 심리적 효과가 있다. 소수 경영진에게만 정보가 집중되고 구성원들이 정보에서 배제된다면 조직에서 소외되었다는 심리적 박탈감을 가질 수 있기 때문이다.

- **권한 위임과 자율적인 업무환경** - 창의적으로 일하기 위해서는 기존의 관리, 통제형 방식에서 벗어나 구성원들이 자발적으로 몰입할 수 있는 자율적인 업무환경을 만들어야 한다. 리더는 업무를 직접 통제하는 것이 아니라 담당자가 업무를 효과적으로 할 수 있도록 조언하고 성장할 수 있게 지원하는 역할을 한다. 권한을 위임받은 구성원들은 자율적으로 자신의 업무 일정을 지켜서 성과를 만들어야 한다는 의식을 저절로 갖게 되고 성과에 대해 책임을 지게 된다. 물론 구성원에게 믿고 맡기는 것이 답답하고 불안할 수 있으며 중간 과정에 실수가 있을 수도 있다. 하지만 좋은 성과가 나지 않더라도 적극적으로 구성원들에게 권한을 부여해 실패로부터 교훈과 경험을 쌓게 해야 주인의식이 생기고 구성원의 역량이 계발될 수 있다.

"많은 조직이 수평적 조직문화를 바라지만
여전히 자유롭게 의사소통하는 문화가 자리잡지 못하고 있다.
구성원 간의 의사소통은 직급과 관계없이 다양한 의견을 낼 수 있어야 하고
권한 위임을 통해 구성원의 아이디어가 의사결정에 반영되어
성과에 영향을 줄 수 있어야 건강한 조직이 된다."

생각나누기

우리 기관의 조직문화는?

다음의 A, B 사례에 나타난 조직문화의 특성에 대해 이야기 나눠 보세요. 현재 우리 기관의 조직문화는 어떤 유형(혁신, 합리, 집단, 위계문화)에 가까운지 비교해 보고 조직문화 개선을 위해 필요한 부분이 있다면 무엇인지 이야기 나눠 보세요.

1. A초등학교 병설유치원

유 원감: 박 선생님, 오늘 얼굴이 아주 밝으신데 무슨 기분 좋은 일이라도 있어요?
박 교사: 네, 우리반 아이들이 너무 멋지게 협동작업을 했거든요.
최 선생님이 주신 아이디어로 활동한 거였는데 아이들의 반응이 기대 이상이었어요.
최 교사: 어제 저와 얘기 나눈 인성교육 활동을 적용하셨군요.
아이들이 어떻게 했는지 한번 보고 싶네요.
박 교사: 제가 홈페이지에 수업 동영상을 올려놓았으니까 회의 끝나고 같이 한번 봐요.
유 원감: 올해 우리 유치원에서 제일 강조하는 목표가 유아들의 인성교육이잖아요.
앞으로도 모든 활동에서 그 점을 최우선으로 고려해 주세요.
강 교사: 네. 저도 요즘 인성교육 활동을 계획해서 실천하고 있어요.
박 선생님 반에서는 어떻게 하셨는지 궁금하네요.
최 교사: 그럼 강 선생님, 저와 같이 박 선생님 반 수업 동영상 보고 이야기해 봐요.

2. B초등학교 병설유치원

정 원감: 오늘 회의에서는 행사 준비 상황을 점검해 보죠. 먼저, 부모면담 일정은 확정되었나요?
서 교사: 우리반은 이제 다 확정되었어요.
정 원감: 김 선생님 반은요?
김 교사: 저도 안내문은 보냈어요. 그런데 제가 부모면담이 처음이라 그러는데요, 면담자료는 어떻게 준비해야 하나요?
정 원감: 김 선생님! 부모교육 책 찾아서 준비해 보세요. 부모면담이 끝나면 가족의 날 행사가 이어서 있는데 서 선생님, 행사 담당 선생님이시죠?
서 교사: 행사 담당은 제가 맞지만 가족의 날 행사는 반별로 준비해야 되는 거 아니에요?
정 원감: 행사가 얼마 안 남았는데 지금 그런 질문을 하고 있으면 어떻게 해요! (중략)
황 교사: 이번 어린이날 행사는 작년과는 조금 다르게 하면 어떨까요?
서 교사: 작년에 했던 것도 괜찮으니 그냥 그대로 해요.
황 교사: 작년에 다녔던 아이들도 많은데 너무 똑같으면 재미없지 않을까요?
정 원감: 별 문제 없었는데 뭘 굳이 바꿔요?
황 교사: 그럼, 어린이날 행사는 그대로 하고요, 이번 봄 소풍 장소에 대해 의논해 보면 좋겠어요.
정 원감: 의논할 필요는 없고, 올해는 행복동산으로 가죠. 서 선생님은 바로 차량 섭외하세요.

출처: 2013학년도 공립유치원교사임용후보자 선정 경쟁 시험 문제 중 일부 발췌.

생각실천하기

나만의 소확행 찾기

하루에 10~15분 짧은 시간이라도 행복을 느낄 수 있는 나만의 '소소하지만 확실한 행복'을 실천하고 난 후 자신의 변화에 대해 적어 보세요.

예 교실 청소 후 커피 마시기, 퇴근 후 산책하기 등

• 나만의 소확행을 실천하고 난 후 자신의 변화는?

TIP

- 작성한 나만의 소확행을 공유하고 동료 교사들과 피드백을 주고받는다.
- 나만의 소확행을 실천하고 교직원들 간에 공유할 수 있도록 'ㅇㅇ 어린이집(유치원) 소확행 콘테스트' 활동으로 확장할 수 있다.

생각실천하기

다 함께 행복한 조직문화를 위한 '나의 UP & DOWN 행동목록'

다 함께 행복한 조직문화를 만들기 위해서 우선적으로 실천하고 싶은 UP 행동과 줄이거나 피해야 하는 DOWN 행동을 생각해 보고, 나만의 UP & DOWN 행동목록을 만들어서 일상에서 실천해 보세요.

UP ↑	DOWN ↓
• ______	• ______
• ______	• ______
• ______	• ______
• ______	• ______
• ______	• ______

예 업무 기한 지키기
긍정적인 생각과 말 많이 하기
내가 먼저 모범 보이기(커피 타기, 삼겹살 굽기)

예 지각, 짜증 줄이기
부정적인 생각과 말 줄이기
직급, 나이 상관없이 반말하지 않기

TIP

- UP 행동목록에는 다 함께 행복한 조직문화를 만들기 위해 다른 교직원들이 해 주었으면 하는 행동이나 내가 우선적으로 실천하고 싶은 행동들을 적고, DOWN 행동목록에는 다른 교직원들이 피해 주었으면 하는 행동이나 내가 개선해야 하는 행동들을 구체적으로 적는다.
- 목록의 행동들을 실천한 후 나와 동료, 학급(기관)에 변화가 있었다면 다른 주제의 〈생각열기〉 시간에서 공유한다.

참고문헌

김진아, 이종희(2008). 보육시설의 조직문화 연구를 위한 방법론 고찰. 생활과학연구, 13, 56-72.

박상희(2019). 우리나라 어린이집 유형별 조직문화 차이에 관한 실증적 연구. 한성대학교 행정대학원 박사학위논문.

조벽(2016). 인성이 실력이다. 서울: 해냄출판사.

조혜선, 박은혜(2009). 유치원 교직문화분석 경력교사 10인의 인식을 중심으로. 유아교육연구. 29(2), 45-68.

조혜진(2021). 유아교사의 정서역량 2판. 서울: 창지사.

최내리, 조혜진(2021). 유아교사의 적응수행에 영향을 미치는 원장의 진성리더십, 조직문화 및 조직공정성 간의 구조관계 분석: 변화몰입의 매개효과를 중심으로, 유아교육연구, 41(4), 133-157.

하수미(2021). MZ, 젠더 그리고 조직문화. 경기도: 플랜비디자인.

Bradberry. T & Greaves. J.(2013). 감성지능 코칭법. 서울: ㈜넥서스.

Caruso, D. R., & Salovey, P.(2009). 사람과 조직을 끌어당기는 하트스토밍. (함규정 역). 서울: 이지 출판. (원저 2004년 출판)

Schein, E. H.(2004). *Organizational culture and leadership*. San Francisco: Jossey-Bass.

Smircich, L.(1983). Concepts of culture and organizational analysis. *Administrative Science Quarterly*, *28*(3), 339-358.

기사 및 동영상

김경일(2018). 행복은 다른 사람과의 '관계'에서 쉽게 찾을 수 있다 동영상. https://www.youtube.com/watch?v=ojI_n4Z_P3Y 에서 인출.

매탐인(2015). 언어의 힘(긍정언어) '칭찬과 비난을 하며 도미노 쌓는 두 팀' 동영상. https://www.youtube.com/watch?v=nxL5vQZcAUY 에서 인출.

송형석, 이수빈(2021.12.06.). 부장을 '프로'님이라고 부르면 조직문화 바뀔까요. 한국경제신문.

양나래(2017.6.15). 기업문화의 목표는 조직의 비전·미션 달성. 한국경제 BIZ School.

지식채널e(2014). '엄마가 울었다' 동영상. https://youtu.be/SfMgG9O-0_M?t=8에서 인출.

CHAPTER

08

다 함께 행복한 조직문화2

협력문화: 팀워크 증진하기

• • • 학습목표

- 팀과 집단의 차이를 알고 공동목표와 의미목표의 중요성을 이해한다.
- 협력적인 조직문화를 위해 팀워크를 향상하기 위한 전략들을 알고 실천한다.

현대 사회 조직에서 구성원들은 조직의 목표를 달성하기 위해 팀을 구성하여 일을 한다. 직장에서 공동의 목표를 가진 두 사람 이상이 팀을 구성한다고 할 때 좋은 팀, 효과적인 팀은 어떤 팀일까? 효과적인 팀은 저절로 만들어지는 것이 아니라 팀의 리더와 구성원들이 함께 구성하는 것이다. 팀의 리더는 구성원들과 조직의 비전을 공유하고 팀원들이 일의 의미를 찾아서 조직의 목표 달성을 위해 몰입해서 스스로 행동하고 성취감을 얻도록 하는 것이 필요하다. 그러나 현실적으로 구성원들 간에 소통과 협력이 잘 되는 팀, 어려운 과제를 책임감 있게 완수하는 팀, 위기상황을 결속력 있게 해결해 내는 팀을 만드는 것은 쉽지 않다. 따라서 우리 조직의 협력적인 조직문화를 위해 팀워크를 방해하는 요인은 줄이고 팀워크를 향상시키기 위한 전략들을 개발할 필요가 있다.

특히 유아교육기관은 조직 특성상 소규모, 가족적 특성이 강하고 부모교육, 기관평가, 다양한 행사를 준비하기 위해 팀을 구성해서 공동으로 작업하는 경우가 많다. 때문에 구성원들 간의 의견충돌이나 스트레스 상황에서도 효과적으로 팀워크를 유지하는 것이 필요하다.

운영Tip

다 함께 행복한 조직문화의 두 번째 주제인 **협력문화: 팀워크 증진하기**에서는 개인들이 단순히 모여 있는 집단이 아니라 진정한 팀이 되기 위해서 협력문화 조성이 필수적임을 이해하고 팀워크를 구성하는 요인과 방해하는 요인을 파악함으로써 팀워크 향상을 위한 방법을 개발할 수 있도록 운영한다.

- 〈생각열기〉를 위한 활동을 중심으로 자신이 생각하는 가장 좋은 팀의 모습은 무엇인지, 함께 일했던 팀 경험에 대해서 이야기 나누면서 구성원들이 생각하는 좋은 팀에 대해서 관심을 갖는다.
- 〈생각채우기〉에서는 팀과 집단의 차이, 공동의 목표를 달성하기 위해 협력하는 팀의 의미, 공동목표와 의미목표의 중요성, 팀워크 향상을 위한 요인과 팀워크를 방해하는 함정에 대해 이해하기 위하여 강의와 사례토의를 하면서 주요 내용을 학습한다. 또한 우리 조직의 비전을 설정하고 공유하는 활동을 하면서 조직에서 나의 의미목표를 탐색해 본다.
- 〈생각나누기〉에서는 조직의 목표 달성을 위하여 팀의 역량을 강화하는 팀 빌딩(team building)을 위해 먼저 우리 팀의 역량을 진단하고 우리 팀의 강점과 약점은 무엇인지, 팀의 역량 강화를 위한 방법과 내가 해야 할 일에 대해 팀원들과 생각을 공유한다.
- 〈생각실천하기〉에서는 교사로서 나의 일에 대한 의미목표를 생각해 보고, 조직의 비전과 나의 일의 의미목표를 연결지어서 나의 일에 대한 의미를 찾아본다. 또한 일상생활에서 교직원들과 도움을 주고받으며 서로에게 응원과 힘이 되는 말을 건네는 활동을 실천한다.

생각열기

〈생각열기〉를 위한 활동으로 '내가 생각하는 좋은 팀은 어떤 팀일까요' 활동을 실행하면서 구성원들의 좋은 팀에 대한 생각에 대해 관심을 갖는다. 또한 교직생활 중에 경험했던 좋았던 팀은 어떤 팀이었는지, 팀원들과 어떤 경험을 나누었는지 이야기 나눈다.

활동 내가 생각하는 좋은 팀은?

■ 내가 생각하는 좋은 팀, 우리 조직에 필요한 팀의 사진을 고르고 그 이유를 이야기 나눠 보세요.

• 현재까지 일했던 팀 중에서 좋았던 팀은 어떤 팀인가요? 왜 그 팀이 좋았나요?

1 팀이란

1) 팀과 집단의 차이

팀이란 팀 구성원들이 공동의 목표를 달성하기 위해서 상호 의존적인 관계를 맺고, 상호 보완적으로 업무를 수행하는 사람들의 집단이다(전주영 외 2014). 반면에 집단이란 특정한 목적이나 특정 욕구를 달성하기 위해 상호작용하는 두 명 이상의 사람들로 정의된다(박동건 외, 2006). 그렇다면 팀(team)과 집단(group)은 같은 의미인가? 팀과 집단의 차이는 무엇일까?

모든 팀은 집단에 속하지만, 집단이라고 해서 모두 팀이 되는 것은 아니다. 집단과 팀을 구분하는 필요조건은 바로 '공동목표'이다. 팀은 공동목표를 가진 두 사람 이상의 구성원으로 이루어진 집단이다(Asano, 2020). 공동목표는 팀 활동이 이루어지도록 만드는 필요조건이므로 팀에서 가장 중요한 요소라 하겠다.

예를 들어, 학교 체육 시간에 5개 조로 나누어 줄넘기 연습을 한다고 하자. 5개 조 중 한 조에서 아이들끼리 '수행평가 전까지 줄넘기 20개 연속 넘기를 하자'라는 공동목표를 세웠다면 어엿한 팀이라고 할 수 있다. 이 목표를 이루기 위해 남은 기간 동안 목표 달성을 위한 연습 시간을 계획하고, 줄넘기 20개를 연속으로 잘 뛸 수 있는 전략을 세우고, 팀원들 간의 성과를 확인하고 격려하는 등 팀플레이를 수행한다면 팀이라고 부를 수 있다. 반면에 다른 조들은 줄넘기 연습이라는 특정한 목적을 위해 두 명 이상의 아이들이 모였지만 서로 공동의 목표 없이 각자 연습을 하였다면 집단이라고 할 수 있다.

> "모든 팀은 집단에 속하지만 집단이라고 해서
> 모두 팀이 되는 것은 아니다.
> 팀과 집단을 구분하는 필요조건은 '공동목표'이다."

팀과 집단의 차이

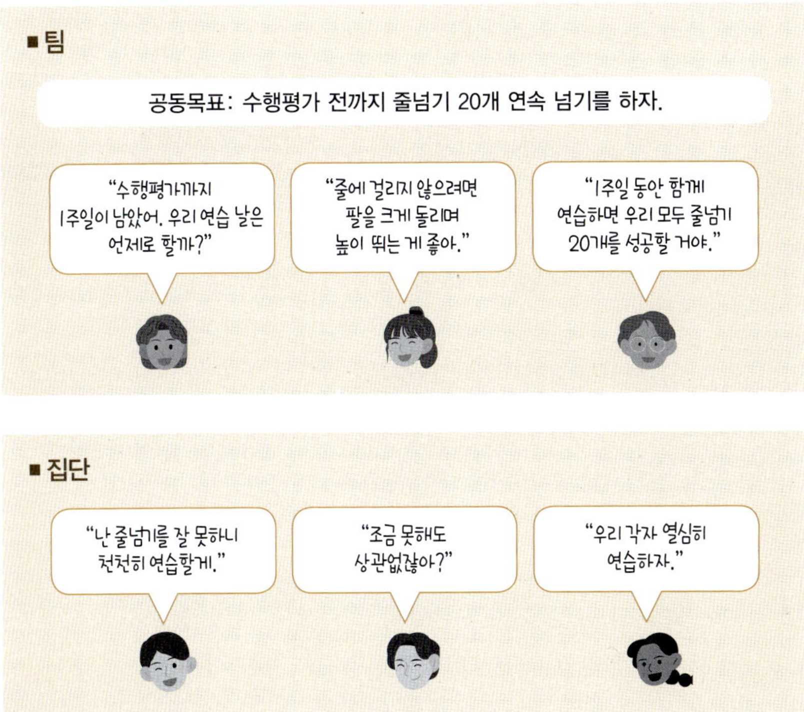

2) 팀의 공동목표

그렇다면 팀은 어떤 공동목표를 설정하는 것이 좋을까? 목표 설정은 크게 3가지 유형으로 구분되며, 〈표 9〉와 같다. 각각의 유형은 장·단점이 있으므로 팀 구성원의 능력, 사고력, 행동력 등에 따라 적절하게 설정하는 것이 필요하다(Asano, 2020). 팀 구성원의 능력이나 경험이 부족하다면 행동을 매뉴얼 수준으로 내용과 시간제한도 상세하게 정하는 것이 필요하다. 반면에 팀원들이 사전 경험과 능력을 가지고 있다면 의미 중심의 목표나 성과 중심의 목표를 설정하는 것이 좋은데 상황에 따라 유연하게 대처할 수 있기 때문이다. 팀의 공동목표를 얼마나 구체적으로 혹은 추상적으로 정할지, 세 가지 유형을 어떻게 혼용할지 등은 구성원의 능력과 상황에 따라 달라질 것이다.

〈표 9〉 공동목표 설정의 세 가지 유형

유형	정의	장 · 단점	사례(예: 부모참여수업)
행동 목표	팀 구성원이 구체적으로 취해야 할 행동 방향을 제시	팀 구성원이 스스로 취해야 할 행동을 쉽고 명확하게 이해할 수 있다.	- 계획에 따라 효율적으로 업무를 추진한다. (예: 참여수업 준비) - 시간을 엄수한다. - 팀워크를 중요하게 여기며 행동한다.
성과 목표	팀이 이루어야 할 구체적인 성과를 제시	행동의 구체성, 방향성, 창조적인 돌파구의 가능성을 기준으로 할 때 행동목표와 의미목표의 중간 정도임	- 학부모참여수업에 참석률 90% 이상 달성한다. - 참여 학부모의 만족도를 보통 이상(3.5 이상/5점) 달성한다.
의미 목표	최종적으로 실현하고 싶은 상태나 단계를 제시	추상적이고 구체적인 행동을 제시해 주지 못하지만 창의적인 아이디어가 나올 가능성이 있다. 상황에 따라 유연하게 대응할 수 있다.	- 학부모와 친밀감을 높이고 영유아의 공동 양육자로서 공동체의식을 형성한다.

현대 사회는 조직이 무엇을 위해 존재하고 세상에 어떤 영향을 주어야 하는지와 같은 의미목표가 중요한 시대이다. 팀의 행동목표만 설정한다면 구성원은 '작업'의 노예가 될 수 있고, 그렇다고 성과목표만 설정하면 '숫자'의 노예가 될 수 있다(Asano, 2020). 의미목표를 설정함으로써 팀원들은 자신이 창출해야 할 성과와 취해야 할 행동에 대해 자신만의 생각과 의견을 품게 된다. '무엇을 해야 하는가?' '왜 해야 하는가?' 질문하고 답을 찾을 수 있다면 팀에서 자신이 해야 할 일을 스스로 찾아낼 수 있다. 모든 구성원이 의미목표의 영향력을 인식하고 자발적으로 행동해서 성과를 높일 때 진정한 팀이 될 수 있다.

> **"현대 사회는 조직이 무엇을 위해 존재하고 세상에 어떤 영향을 주어야 하는지와 같은 의미목표가 중요한 시대이다. 의미가 없으면 작업과 숫자의 노예가 된다. 구성원들이 의미목표를 인식하고 자발적으로 행동해서 성과를 높일 때 진정한 팀이 될 수 있다."**

3) 잡 크래프팅을 통해 일의 의미목표 찾기

최근 한 보일러 업체가 "울 아빠는 지구를 지켜요."라는 카피의 광고로 효과를 크게 봤다. 광고 주인공으로 등장한 아이는 자신의 아버지가 하는 일이 단지 콘덴싱 기술을 이용해 보일러를 만드는 것이 아니라, 미세먼지를 줄이고 나쁜 연기를 없애서 공기를 맑게 하고 북극곰을 살린다고 자랑스러워하였다. 또 미국항공우주국(NASA) 경비원들은 "달나라로 가는 꿈을 실현하는 사람들의 안전을 책임진다."고 자신들의 업무에 의미를 부여하였다(박형철, 2019. 8. 5). 이렇듯 조직에서 구성원 개인이 조직의 목적 달성뿐 아니라 사회를 위해 스스로 가치 있는 일을 한다고 생각할 때 업무에 대한 적극성과 몰입도, 창의성이 증가되어 개인과 조직에 유익한 결과를 줄 수 있다.

광고 속 일의 의미목표 찾기의 예

출처: [2017 경동나비엔 TV-CF] 지구를 지키는 콘덴싱이 옳았다!. https://www.youtube.com/watch?v=NqK_9a8fjV0

위의 사례에서 살펴본 것처럼 자신의 일을 더욱 의미 있게 만들기 위해 일에 대한 긍정적 의미를 찾아 가치를 높이는 것을 잡 크래프팅(job crafting)이라고 한다. 최근 잡 크래프팅이 주목받고 있는데 이는 현대 사회에서 개인들은 일과 삶의 균형을 찾고 싶어 하고 조직보다는 자신의 일에 대한 가치와 본질, '일의 의미'

를 더 중요시하기 때문이다(백수진, 2019). 일의 의미란 일이 중요하고 가치 있다고 느끼는 정도로, 일은 단지 생계의 수단이 아닌 그 이상의 의미를 가지며 개인의 행복과 만족감에 영향을 미치는 중요한 요인이다. 즉, 과거 구성원들이 조직에서 제공하는 안정적인 승진이나 급여, 기타 혜택들을 중요하게 생각했다면, 세대가 변하면서 현대의 조직 구성원들은 일 자체의 가치와 본질, 일의 의미, 사람과의 관계를 더 중시하는 경향이 있다.

잡 크래프팅(job crafting)이란 조직에서 자신에게 맡겨진 업무를 의미 있게 만들기 위해 자신의 직무와 업무환경을 주도적으로 변화시키는 행동이다(Wrzesniewski & Dutton, 2001). 즉, 잡 크래프팅은 자신의 업무 또는 자신의 업무와 관계된 영역에 물리적 및 인지적 변화를 주는 것으로, 조직 구성원들은 자신의 업무를 변화시켜 자신의 일을 더욱 의미 있게 만들고 일에서 정체감을 형성하게 된다(안혜정, 이승연, 2020). 자신의 일에 대한 의미를 찾는 잡 크래프팅의 세 가지 유형을 살펴보면 다음과 같다.

- **과업 크래프팅(task crafting): 자신의 강점과 관심을 바탕으로 자신에게 주어진 업무의 양이나 범위를 변경하여 일을 더욱 의미 있게 만드는 것**

  예 유아교육기관에서 행사 준비 기간이 얼마 남지 않았을 때 과업 크래프팅을 통해 행사의 주요한 목적에 맞추어 행사내용을 선별하여 간소화하거나 팀원의 강점에 초점을 두어 업무분장을 조정하는 경우, 훨씬 효율적이고 공동업무 속에서 내가 맡은 일의 의미와 역할을 발견할 수 있다.

- **인지 크래프팅(cognitive crafting): 자신의 업무를 바라보는 관점이나 인식을 바꾸어 일의 의미를 찾는 것**

  예 유아교육기관의 교사를 단순히 영유아를 안전하게 보육하고 지식을 전달하는 역할이 아닌, 결정적 시기를 보내고 있는 영유아의 생애 첫 교사로서 놀이를 통해 전인발달을 이룰 수 있도록 도움을 주는 의미 있는 역할로 인식의 변화를 주는 경우 유아교사직에 대한 의미를 찾을 수 있다.

- **관계 크래프팅(relational crafting): 자신의 업무와 관련된 사람들과의 상호작용 빈도나 질을 변화시켜 일을 더욱 의미 있게 만드는 것**

  예 초임 교사를 돕고 지원해 주며 서로 격려해 주는 친밀한 관계를 만들거나 동료 교사와 함께 즐거운 경험과 시간을 공유하는 경우 함께하는 업무에 만족감을 느끼고 행복감을 높일 수 있다.

이와 같이 잡 크래프팅은 조직에서 구성원이 자신의 일을 의미 있게 만들기 위해 자신의 업무나 관점, 사람들과의 관계를 변화시키는 전략이다. 유아교육기관의 교사도 자신의 업무를 수행하는 과정에서 자발적으로 업무를 조정하거나 인식을 변화시키고 관계를 의미 있게 만드는 잡 크래프팅을 통해 업무몰입과 자신의 일에 대한 중요한 의미를 찾을 수 있다.

> "현대의 조직 구성원들은 일 자체의 가치와 본질,
> 일의 의미, 사람과의 관계를 더 중시하는 경향이 있다.
> 잡 크래프팅은 조직에서 자신의 일을 더욱 의미 있게 만들기 위해
> 자신의 업무나 관점, 사람들과의 관계를 주도적으로 변화시키는 행동이다."

2 효과적인 팀의 조건

1) 팀워크란?

현대 사회 조직에서 구성원들은 효과적인 목표 달성을 위하여 두 사람 이상이 팀을 구성해서 일을 한다. 직장에서 공동의 목표를 가진 두 사람 이상이 팀을 구성한다고 할 때 좋은 팀, 성공적인 팀, 효과적인 팀은 어떤 팀일까? 〈생각열기〉 활동에서 좋은 팀을 설명하는 사진으로 나는 왜 그 사진을 선택했을까? 우리가 좋은 팀, 효과

적인 팀을 바라보는 관점은 모두 다를 수 있다. 각 사진이 의미하는 팀에 대한 주요 관점을 살펴보면서 나와 팀원들이 생각하는 좋은 팀과 팀워크에 대해 이야기해 보자.

활동 좋은 팀, 효과적인 팀에 대한 생각 정리하기

■ 〈생각열기〉 활동에서 가장 좋은 팀으로 선택한 이유를 생각하면서 좋은 팀, 우리 조직에 필요한 팀에 대한 생각을 공유하면서 정리해 보세요.

협동하기: 팀 구성원과 함께하라

어려운 일이 있을 때 팀원 간 서로 협력하기.
결과보다는 과정을 중시.
나만 목표 달성하는 것이 아니라 뒤처진 팀원도 함께 이루어 나가는 것이 중요.

목표 달성하기: 깃발을 세워라

리더를 중심으로 한 방향의 목표를 향해서 팀원 모두가 협력하기.
리더에 대한 신뢰, 결승점까지 일사불란한 팀원들의 협동이 중요

화합하기: 공동체의식을 가져라

리더를 중심으로 팀원이 각자의 위치에서 역할 수행, 아름다운 하모니를 이룸.
리더의 리더십 발휘, 팀원의 협업과 공동체 의식이 중요

평등하기: 힘의 균형을 이루어라

구성원이 평등하게 서로의 목소리를 내며 하모니를 이룸.
조직 내 평등, 자율, 균형, 조화 이루기.

우리는 직장에서 뿐만 아니라 일상생활에서도 팀워크란 말을 자주 사용한다. 팀워크(teamwork)란 team과 work의 합성어로 팀 구성원이 공동의 목표를 달성하기 위하여 상호관계성을 가지고 협력하여 일을 해 나가는 것을 의미한다(국가직무능력표준 NCS, 2015). 또한 팀워크는 사전적 의미로 협력, 협동, 또는 공동 작업으로 이해되고 있으며, 팀 구성원이 공동의 목표를 달성하기 위하여 각 역할에 따라 책임을 다하고 협력적으로 행동하는 것을 말한다(두산백과사전, 2021). 서성기, 이동명(2017)은 팀워크란 팀 프로세스를 포괄하며, 팀의 목적 달성을 위한 팀원 간 상호작용 관계를 나타낸다고 하였다.

이상의 내용을 정리하면 팀워크는 팀 구성원이 공동의 목표 달성을 위해 협력하는 것이며, 개인의 독자적 수행에 비해 월등한 업무능력을 발휘하여 조직의 가치를 높일 수 있는 중요한 요소이다. 따라서 팀이 성과를 내지 못하면서 분위기만 좋은 것은 팀워크가 좋은 것이 아니라 응집력이 좋은 것이라 하겠다. 응집력이란 사람들로 하여금 집단에 머물도록 만들고, 그 집단의 멤버로서 계속 남아 있기를 원하게 만드는 힘이라 할 수 있다. 단순히 모이는 것을 중요시하는 것이 아니라 목표 달성의 의지를 가지고 성과를 내는 것이 바로 팀워크이다(국가직무능력표준 NCS, 2015).

“팀워크는 팀 구성원이 공동의 목표 달성을 위해 협력하는 것이다.
팀이 성과를 내지 못하면서 분위기만 좋은 것은
팀워크가 좋은 것이 아니라 응집력이 좋은 것이다.”

성공적인 팀워크를 위해서는 구성원의 협력이 무엇보다 중요하다. 팀에서 팀원들이 하는 모든 노력에는 두 가지 요소, 결과와 과정이 포함된다(Feldman & Mulle, 2007). 즉, 결과는 성과이고, 과정은 팀원들이 어떻게 성과에 도달했는가를 의미한다. 조직과 팀이 성과에만 초점을 맞추고 과정에 관심을 갖지 않을 때 갈등이 일어날 수 있다. 당장 갈등이 일어나지 않더라도 과정을 무시하면 문제가 발생할 수 있다. 따라서 효과적으로 팀워크를 유지하기 위해서는 공동의 목표를 설정하고 목표 달성을 위하여 구성원 각자의 역할에 대한 동등한 가치 부여와 공동의 책임, 구성원 간의 신뢰감 형성 등의 과정 관리가 필요하다.

2) 팀워크를 위한 구성요인

팀워크란 팀이 공동의 목표를 달성하기 위하여 협력하는 것으로, 성공적인 팀워크는 행운이나 우연으로 만들어지지 않는다. 즉, 좋은 팀은 저절로 생겨나는 것이 아니며 리더와 팀 구성원들이 함께 만드는 것이다. 그렇다면 우리는 어떻게 성공적인 팀워크를 만들 수 있을까? 좋은 팀, 효과적인 팀워크를 만들기 위한 구성요인에 대해 살펴보면 다음과 같다(국가직무능력표준NCS, 2015; Caruso & Salovey, 2009; Feldman & Mulle, 2007).

(1) 명확한 비전 공유

구성원과 조직의 비전을 공유하는 것은 성공적인 팀워크를 이루기 위한 커뮤니케이션 과정의 일부이다. 조직의 비전은 조직이 존재하는 이유이고 목적이며 방향성을 제시한다. 비전 공유의 첫걸음은 비전을 수립할 때 팀원의 생각과 열정을 담아내기 위해 노력하는 일이다. 리더 혼자 수립한 개인적 비전, 선전 문구와 같은 '죽은 비전'은 효과가 길지 않고 오히려 팀 성장에 걸림돌이 될 수 있다.

우리 조직은 조직의 비전을 가지고 있는가? 조직의 존재 이유와 방향성을 명확하게 제시하고 구성원들과 공유하고 있는가? 구성원이 조직의 비전을 얼마나 잘 이해하고 공감하고 있는지에 따라 공동의 목표 달성이 가능하고, 목적의식이 일 잘하는 사람을 만든다(윤현종, 조지윤, 2020. 3. 27). 자신의 일이 조직의 비전과 얼마나 일치하는지, 이 일을 통해 조직과 사회에 어떤 기여를 할 수 있는지, 스스로 가치 있는 일을 하고 있다는 걸 느낄 수 있어야 '일하고 싶은 의미'를 찾을 수 있다. 특히 MZ세대와 함께 일하려면 조직의 비전을 명확히 밝히고 공유하는 것이 필요하다. MZ세대는 이해하지 않으면 움직이지 않는다. 이 일이 왜 중요한지, 일을 통해 조직에 어떤 기여를 할 수 있는지에 대해 명확히 이해해야 행동한다. 구성원들과 비전을 공유해 맡은 일이 중요하다는 것을 느끼면 충분히 몰입해서 열정적으로 일할 수 있다(하수미, 2021).

"목적의식이 일 잘하는 사람을 만든다.
MZ세대와 함께 일하려면 조직의 비전을 명확히 밝히고 공유하는 것이 필요하다.
비전 공유의 첫걸음은 비전을 수립할 때
팀원의 생각과 열정을 담아내기 위해 노력하는 일이다."

조직의 비전은 구성원들에게 자신들이 하는 작은 일 하나하나가 모여 조직의 목적 달성에 필요한 일이라는 자부심을 갖게 한다. 명확한 조직의 비전을 기반으로 구성원의 잠재력과 조직의 성과를 높이고 있는 기업들의 비전 사례를 살펴보면 다음과 같다.

- 많은 사람을 위한 더 좋은 생활 (이케아)
- 소비자 물가 지수를 1%로 낮추는 기업이 되는 것 (다이소)
- 좋은 사람, 좋은 음악, 좋은 웃음 (안테나 뮤직)
- 환경에 책임을 지는 것, 재미있게 노는 것, 가족 중심인 것(아웃도어브랜드 파타고니아)
- 세상을 깨끗하게, 생활을 풍요롭게 (크린토피아)

아래 제시된 '우리 기관의 비전은 무엇인가요?' 활동을 통해 우리 기관이 존재하는 목적을 정하고 공유할 필요가 있다. 이러한 조직의 비전은 구성원들이 스스로 일에 의미를 부여하게 하고 다른 직장과 차별성을 느끼면서 소속감을 가지게 하기 때문이다.

활동 우리 기관의 비전은 무엇인가요?

• 우리 기관의 비전(목적)은 무엇인가요? 구성원들과 기관의 비전을 정하고 공유해 보세요.

(2) 구성원의 역할과 책임의 명료화

효과적인 팀은 모든 팀원의 역할과 책임을 명확하게 규정한다. 팀원 각자는 자신에게 기대되는 역할이 무엇인지 잘 알고 있으며, 동료 팀원의 역할도 이해하는 것이 필요하다. 또한 효과적인 팀은 변화하는 요구와 목표에 맞춰 팀원의 역할과 책임을 새롭게 수정할 수 있다.

(3) 신뢰 형성

팀워크가 좋은 팀의 공통점은 팀원이 서로에 대해 심리적 안전과 신뢰를 느낀다는 것이다. 기초적인 신뢰가 없는 상태라면 아무리 기량이 뛰어난 팀원일지라도 팀워크를 바탕으로 한 꾸준한 성과를 기대하기 어렵다. 신뢰를 바탕으로 한 심리적 안전감이란 팀 내에서 구성원이 어떠한 발언이나 행동을 하더라도 비난받거나 불이익을 받지 않을 것이라는 믿음을 바탕으로 형성된 편안한 심리적 상태를 뜻한다(Asano, 2020). 즉, 자신의 의견이 중요하게 받아들여진다는 믿음이 팀 전체의 성과에 결정적으로 기여하게 된다. 따라서 팀원에게 질문이나 발언을 할 기회와 반대 의견을 자유롭게 표현할 기회, 실수도 이야기할 수 있는 기회를 줌으로써 팀원 간, 팀에 대한 신뢰를 형성하는 것이 중요하다.

(4) 개방적인 의사소통

팀원이 효과적으로 협력하기 위해 구성들의 원활한 의사소통은 매우 중요하다. 그렇다면 팀 내 소통은 많을수록 좋은 것일까? 소통이 많으면 좋은 것으로 생각할 수 있지만 너무 많은 소통에는 수고로움과 시간이 소요되어 오히려 업무의 효율을 떨어뜨릴 수 있다. 팀 내 소통은 많을수록 좋다는 오류에 빠져 있다면 지금 당장 전략적 소통을 설계해야 한다(Asano, 2020). 적절한 규칙을 설정해 불필요한 소통을 가능한 한 줄이고, '서로를 이해하는 소통'과 '안심하고 자기 의견을 말할 수 있는 분위기를 만드는 소통'을 위해 노력한다면 팀원이 효과적으로 협력하여 성공적인 팀워크를 이룰 수 있을 것이다.

(5) 효과적인 의사결정

의사결정은 팀원들의 합의를 통해 이루어지고 일단 내려진 결정에 대해서는 모든 팀원이 준수하고 지원하는 것이다. 의사결정은 좋은 팀워크를 이루는 데 중요한 요인이지만 효과적인 의사결정을 하기란 쉬운 일이 아니다. 개인의 의사결정도 어려운데, 하물며 팀의 의사결정은 말할 것도 없다. 팀에서 리더가 독단적으로 의사결정을 하다 보면 속도는 빠를 수 있지만 문제가 불거지기도 한다. 팀원들의 주체성을 떨어뜨린다는 단점이 있고, '어쩔 수 없이 따라야지' 하는 분위기는 팀원들의 주인의식을 저하시킨다. 팀 내의 의사결정은 어느 하나의 선택지를 고르는 행위 자체보다는, 팀원들이 의사결정 과정에 참여함으로써 주인의식을 높인다는 것이 더욱 큰 의미를 지닌다. 의사결정 과정에 있어 '모두 함께 팀을 만들어 간다', '모두 함께 팀 활동을 성공으로 이끈다'라는 팀 문화의 조성은 좋은 팀워크를 위해 무엇보다 중요하다.

(6) 리더의 권한 위임과 피드백

좋은 팀워크를 만들기 위해 팀원 각자의 역할도 중요하지만 팀의 리더가 어떠한 리더십을 발휘하는가는 팀 전체의 분위기와 팀원의 협업 및 목표 달성에 큰 영향을 미친다. 팀 리더는 효과적인 팀을 구성하기 위해 업무를 직접 통제하기보다 팀원들에게 권한을 위임하고 담당자가 능력을 발휘해서 업무를 수행할 수 있도록 피드백을 제공하고 결과에 대해서는 공정하게 평가한다(하수미, 2021). 구성원에게 믿고 맡기는 것이 불안하고 답답할 수 있으며 중간 과정에서 실수가 있을 수도 있다. 특히 경험이 부족한 팀원에게 권한 위임과 의사결정권을 준다는 것은 모험일 수 있지만, 팀원이 진짜 권한과 결정권을 가질 때 주인의식이 생기기 때문이다. 또한 리더가 팀원들의 강점과 약점을 잘 인식하여 서로 보완할 수 있도록 할 때 팀원에게 협동의 즐거움을 길러 주며, 팀원과 권력을 공유하고 유연한 관점을 취하게 하여 효과적인 팀을 구성하고 유지할 수 있게 된다.

(7) 팀원들의 다양한 일 처리 방식 수용

사회 전체가 유동적이고 다양화됨에 따라 서로 다른 배경과 가치관을 지닌 구성원들이 같은 팀에서 활동하는 일이 많아졌다. 따라서 성공적인 팀워크를 위해서는 팀원들의 다양한 가치관과 감정, 일 처리 방식에 대한 수용이 필요하다. 일 처리 방식에는 정답이 없다. 팀원 각자의 경험과 감각, 능력에 따라 적합한 방식으로 일을 처리하게 되고, 이러한 개별적 차이를 서로가 수용하고 이해한다면 팀원들은 자주성과 창조성을 발휘하여 팀의 성과를 높이고, 성공적인 팀워크를 유지하는 데 도움이 될 것이다.

3 팀워크를 방해하는 함정

팀은 공동목표를 지닌 두 사람 이상의 구성원으로 이루어진 집단이다. 팀 중에는 팀의 분위기와 능률이 고갈되는 팀이 있는가 하면 팀 구성원의 역량을 최고로 이끌어 내는 팀도 있다. 우리가 일반적으로 알고 있는 '덧셈의 법칙'을 적용한다면 혼자서 10을 해내는 구성원이 두 명 모이면 20, 세 명 모이면 30의 성과를 이룰 수 있을 것이다. 하지만 팀에서 성공적인 팀워크를 발휘한다면 각 구성원의 단순한 합을 초월하는 집단 성과를 낼 수 있으며 이것을 '곱셈 성과'라고 한다(Asano, 2020).

하지만 반대로 10의 역량을 가진 사람이 세 명 모였을 때 30 이상의 역량 발휘가 아닌 30 이하로 그 성과가 떨어지는 경우도 있다. 이러한 경우는 '나눗셈의 성과'로 각 팀원이 가진 역량을 충분히 발휘하지 못하는 경우이다. 왜 이런 일이 일어날까? 팀의 성과를 떨어뜨릴 수 있는 팀의 함정은 무엇일까? 우리 팀의 성과를 방해하는 함정이 있다면 무엇인지 생각해 볼 필요가 있다.

■ 팀의 성과를 무너뜨리는 함정

"나 하나쯤이야": 태만의 함정

집단의 크기가 커지면서 한 사람이 내는 성과가 줄어드는 현상을 사회적 태만이라고 한다. 이는 팀 전체가 '나 하나쯤이야'라는 태만의 함정에 빠지기 때문이다. 무임승차하는 사람이 생기지 않게 하려면 구성원의 '주인의식'을 높이는 것이 중요하다.
주인의식을 가지라고 말을 하는 것만으로는 효과가 없다. 어떻게 하면 좋을까? 인원수가 적을수록 주인의식이 높아진다. 팀의 인원수가 일정 수준에 도달하면 구성원을 나누어 큰 팀 안에 작은 팀을 여러 개 구성할 수 있다. 또한 책임 소재를 명확히 하는 것이 필요하다. 구성원의 역할과 책임 범위를 명확히 하고 점검하는 것이 좋다.

"그 사람이 그렇게 말하니까": 권위의 함정

구성원들이 지위가 높고 경험이 많은 사람의 말을 무작정 따라 하는 경향이 있다. 즉, '그 사람이 그렇게 말하니까'라고 생각하면서 구성원이 깊이 생각하지 않은 채 의사결정을 하는 권위의 함정에 빠지는 것이다. 결정권자에게 아무도 의견을 말하지 않는 상황이 지속되면 깊이 생각하지 않은 채 결정을 내버리기도 한다. 권위의 함정에 빠지지 않기 위해서는 팀 내에 논의 과정을 도입하는 것이 필요하다. 더불어 안심하고 자기 의견을 말할 수 있는 심리적 안전감이 조성될 필요가 있다.

"다들 그렇게 말하니까": 동조의 함정

행동경제학에서는 동조라는 심리적 편향을 중요하게 생각한다. 어떤 선택으로 얻을 수 있는 경제적 합리성뿐 아니라 주변 사람들과 같은 선택을 해야 마음이 놓이는 동조성이 인간의 판단에 영향을 준다는 것이다. 문제는 동조가 나쁜 쪽으로 작용하는 상황이다. 긍정적인 견해나 태도보다 부정적인 태도가 많아지면 부정적인 태도 쪽으로 동조가 일어날 가능성이 커진다. "대충 해, 어려워, 힘들어" 등의 분위기를 방치하면 결과적으로 팀의 분위기를 바꾸기 힘들어진다. 동조에 의해 팀 전체가 부정적인 태도를 추종하기 때문에 이 함정에 빠지지 않기 위해서는 팀의 분위기를 의식적으로 관리하는 것이 중요하다. 개인은 집단의 분위기에 이끌려 자신의 태도를 결정하려는 경향이 강하기 때문이다.

"그 사람부터 그렇게 하니까": 닻 내림의 함정

행동경제학에서는 '닻 내림 효과'라는 심리적 편향도 중요시한다. 이는 처음 제시한 수치나 원칙이 일종의 기준점으로 머릿속에 각인되어, 그 후의 인상이나 행동에 영향을 끼치는 심리 현상을 말한다. 이러한 심리 현상이 팀에는 마이너스로 작용할 수 있다. 특히 리더는 구성원의 기준점이 되기 십상이다. '리더가 정해진 기한을 넘기니 나도 미뤄도 되겠지', '리더도 지각하는데 나도 해도 되겠지'라는 식으로 구성원들은 리더를 자기 입맛에 맞는 기준점으로 삼는 경우가 많다. 이러한 함정에 빠지지 않기 위해서는 팀 내에 바람직한 '기준'을 명확히 제시하는 것이 중요하다. 기준은 팀 전체의 성과를 낮추기도, 높이기도 하는 장치가 되므로 팀이 닻 내림의 함정에 빠지지 않으려면 기준 자체를 올바르고 명확하게 제시할 필요가 있다.

출처: Asano(2020).

생각나누기

팀 빌딩(team building)하기

팀은 저절로 생기는 것이 아니라 팀의 리더와 구성원들이 함께 구성하는 것입니다. 팀을 이루어 진행하는 업무나 활동을 성공적으로 이끌기 위한 조직개발의 기법을 팀 빌딩(team building)이라고 할 때, 우리 조직의 팀 빌딩을 위해서 먼저 팀워크 진단활동을 하고, 팀의 역량 강화를 위한 방법에 대해 생각해 보세요.

- 우리 팀(조직)의 강점은 무엇인가요?

- 팀(조직)의 역량을 강화시킬 수 있는 방법은 무엇인가요?

- 나는 우리 팀(조직)을 위해 어떤 역할을 하고 있나요? 아니면 무엇을 해야 할까요?

- 우리 팀(조직)에 성과를 방해하는 요인이 있다면 무엇이고, 개선할 방법은 무엇이 있을까요?

활동 우리 팀(조직)의 팀워크 진단하기

• 우리 조직의 팀워크는 어떠한가요? 우리 팀(조직)의 팀워크를 진단해 보고, 팀워크를 향상시키기 위해 나와 팀원들이 할 수 있는 일에 대해서 생각해 보세요.

진단문항	매우 부족함 ⟷ 매우 우수함						
1 팀의 비전과 목표가 명확하다.	1	2	3	4	5	6	7
2. 창조적으로 운영된다.	1	2	3	4	5	6	7
3. 결과에 초점을 맞춘다.	1	2	3	4	5	6	7
4. 역할과 책임을 명료화시킨다.	1	2	3	4	5	6	7
5. 조직화가 잘 되어 있다.	1	2	3	4	5	6	7
6. 개인의 강점을 활용한다.	1	2	3	4	5	6	7
7. 리더십 역할을 공유하며 구성원 상호 간에 지원을 아끼지 않는다.	1	2	3	4	5	6	7
8. 협력적인 팀 풍토를 발전시킨다.	1	2	3	4	5	6	7
9. 의견의 불일치를 건설적으로 해결한다.	1	2	3	4	5	6	7
10. 개방적으로 의사소통한다.	1	2	3	4	5	6	7
11. 객관적인 의사결정을 한다.	1	2	3	4	5	6	7
12. 팀 자체의 효과성을 평가한다.	1	2	3	4	5	6	7

총점: ______________ 점

※ 진단해석
- 75~84점: 팀워크의 수행 수준이 매우 우수함.
- 65~74점: 팀워크의 수행 수준이 우수함. 개선의 여지가 있긴 하지만 팀은 바람직한 상태임.
- 55~64점: 팀워크의 수행에 문제가 있음. 문제해결을 위해 가장 점수가 낮은 항목부터 개선이 필요함.
- 54점 이하: 팀이 제대로 기능을 하지 못하고 있음. 팀 빌딩의 기초부터 시작할 필요가 있음.

출처: 국가직무능력표준 NCS(2015). 대인관계능력 매뉴얼. 기초직업능력프로그램.. p.63.

생각실천하기

교사로서 나의 의미목표는?

기관의 비전과 나의 일의 의미목표가 연결되어 있나요? 교사로서 나의 일에 대한 의미목표는 무엇인지 생각해 보세요. 나는 우리 기관에서 '무엇을 해야 하는가', '왜 해야 하는가'에 대해 질문하고 스스로 자신의 의미목표를 구성해 보세요.

예 의미목표의 사례

미국항공우주국(NASA)에서 일하는 경비원은 '달나라로 가는 꿈을 실현하는 사람들의 안전을 책임진다'라고 자신의 업무에서 일의 의미를 찾고 있음.
미국항공우주국의 조직비전은 '인류의 이익을 위해 탐험하고 발견하고 확장하자. 달, 화성, 그리고 그 너머로'임.

- 교사로서 나의 일에 대한 의미목표는 무엇인가요?

- 내가 일하고 있는 유아교육기관의 비전과 나의 일의 의미목표가 연결되어 있나요?

생각실천하기

힘이 되는 말 한마디

- 조직(팀)의 팀워크 향상을 위해 교사실 한쪽에 **'응원나무'**를 마련하고 교직원들에게 응원과 힘이 되는 말 한마디를 전해 보세요. 일정 기간을 정해 놓고 실천해 보세요.

참고문헌

국가직무능력표준(NCS)(2015). 대인관계능력 매뉴얼. 기초직업능력 프로그램.

두산백과사전(2021). 두피디아. www. doopedia.co.kr에서 인출.

박동건, 최대정, 이은정(2006). 조직감성역량 키우기. 서울: 삼성경제연구소.

서성기, 이동명(2017). 팀 구성원의 정서지능이 팀워크에 미치는 영향. 한국항공경영학회지, 15(4), 49-69.

안혜정, 이승연(2020). 유치원 교사의 잡 크래프팅 분석. 육아지원연구, 15(3), 5-27.

전주영, 강정찬, 이상수(2014). 팀의 사회감성역량 향상을 위한 교육 프로그램 개발. 산업연구, 29, 29-60.

하수미(2021). MZ, 젠더 그리고 조직문화. 경기도: 플랜비디자인.

Asano, K.(2020). The TEAM. 성과를 내는 팀에는 법칙이 있다. (이용택 역). 경기도: 리더스북. (원저 2019년 출판).

Caruso, D. R., & Salovey, P.(2009). 사람과 조직을 끌어당기는 하트스토밍. (함규정 역). 서울: 이지출판. (원저 2004년 출판).

Feldman, J., & Mulle, K.(2007). *Put emotional intelligence to work*. Virginia: ASTD Press.

Wrzesniewski, A., & Dutton, J. E.(2001). Crafting a job: Revisioning employees as active crafters of their work. *Academy of Management Review*, 26(2), 179-201. doi:10.2307/259118.

기사 및 동영상

박형철(2019.08.05). 〔경영칼럼〕업무 자긍심을 높여 주는 '잡 크래프팅' 3대 실천법(8월 5일). https://news.mk.co.kr/v2/economy/view.php?year=2019&no=598047에서 2021년 10월 17일에 인출.

백수진(2019). 밀레니얼세대를 위한 '잡 크래프팅' 일의 의미 느끼게 해야 조직이 큰다. 동아비즈니스리뷰, 275호.

윤현종, 조지윤(2020.03.27.). 기업의 목적의식, '일잘러'를 만들다: 사람에 집중하라. 인터비즈. https://m.blog.naver.com/businessinsight/221876165074?msclkid=d42b-3639ced311ec8e24609b9a6d2c3c 에서 인출.

부록

활동목록표

활동목록표

	1. 나 이해하기	2. 스트레스 관리	3. 효과적인 의사소통	4. 팀의 갈등 관리
생각열기	32p 감정 카드로 보는 나의 감정	56p 최근 나의 스트레스는?	78p 불통과 소통에 대한 〈생각열기〉를 위한 물음	108p 갈등경험에 대한 〈생각열기〉를 위한 물음
생각채우기	35, 43p • '짜증난다'가 금지어가 된 이유 • Who am I? 나의 DiSC 행동유형은?	64, 66, 69p • Holmes와 Rahe의 사회재적응 평가척도 • 비합리적인 자동적 사고를 합리적이고 적응적인 사고로 전환하기 • 나의 정서 조절 방법	98p • 우리 기관(조직)의 심리적 안전감은?	111, 124p • 지각의 자기중심성: 두 개의 또 다른 그림 • 지각의 부정확성 • 세대별 인식 차이 이해하기
생각나누기	49p 교직원의 DiSC행동유형 알아보기	70p 생각으로 푸는 스트레스	100p 우리 기관(조직)의 의사소통 수준은?	130p 역지사지 갈등상황에서 의사소통하기
생각실천하기	50p '서로 다른 우리' 다른 유형의 동료들과 함께 일하기	71p 나의 스트레스에 대한 전지적 참견 시점	102p 나의 의사소통 수준은?	132p 우리 기관의 세대 공존을 위한 원칙

5. 유연한 사고, 변화 관리하기	6. 팀의 정서 이해하기	7. 긍정과 존중의 소통문화	8. 협력문화
138p 직장에서의 변화 경험에 대한 〈생각열기〉를 위한 물음	158p 조직(팀) 분위기에 대한 〈생각열기〉를 위한 물음	176p 우리 기관의 이미지를 한마디로 표현하면?	200p 내가 생각하는 좋은 팀은?
141, 150p • 관점의 전환 • 직장에서의 변화요구와 대처 방안	161, 166, 168p • 공감 수준 이해하기 • 팀의 정서가 업무수행에 미치는 영향 • 직장 내 관계 안에서 공감 표현하기	189p • 평소에 긍정성 저축하기	207, 210p • 좋은 팀, 효과적인 팀에 대한 생각 정리하기 • 우리 기관의 비전은 무엇인가요?
151p 최근 직장에서 경험한 조직(교육환경)의 변화는?	169p 'What-if 분석'을 통해 팀원의 감정 예측하고 공감하기	193p 우리 기관의 조직문화는?	215, 216p • 팀 빌딩(team building) 하기 • 우리 팀(조직)의 팀워크 진단하기
152p 최근 직장에서 경험하고 있는 나의 변화는?	170p 나의 긍정 바이러스	194, 195p • 나만의 소확행 찾기 • 다 함께 행복한 조직문화를 위한 '나의 UP & DOWN 행동목록'	217, 218p • 교사로서 나의 의미 목표는? • 힘이 되는 말 한마디

저자소개

조혜진

학력 및 경력

이화여자대학교 사회사업과 졸업(문학사)

이화여자대학교 대학원 유아교육과 졸업(석사, 박사)

삼성복지재단 어린이개발센터 전임연구원

이태원 삼성어린이집 원장

신라대학교 아동교육연구지원센터 소장

현재

신라대학교 사범대학 유아교육과 교수

신라대학교 교육대학원 원장

저서

『유아교육개론』, 『놀이지도: 아이들을 사로잡는 상호작용』,

『유아교사의 정서역량』, 『유아교육기관 운영관리』,

『유아교육기관 멘토로 성장하기』 등

유아교육기관의 정서역량

행복한 일터 만들기

초 판 1쇄 인쇄 2022년 9월 20일
초 판 1쇄 발행 2022년 9월 27일

지 은 이 | 조혜진
펴 낸 이 | 김기섭
편 집 인 | 이현남 · 최창숙
펴 낸 곳 | 창지사 www.changjisa.com
08589 서울시 금천구 가산디지털 1로 83 파트너스타워 1차 9층
전화 (02)719-2211~3
팩스 (02)701-9386
등 록 | 1977년 4월 28일 · 제1-421호

ISBN 978-89-426-1543-8 (93370)

값 16,000원